BIOHACKING &
TERAPIAS MILENARIAS

Biohacking & Terapias Milenarias
Desbloquea tu Potencial: Sabiduría del Pasado, Innovación del Presente, Salud del Futuro

Mariana Chiarella & Pablo Ricciardi

©2024 Reservados todos los derechos. Ninguna parte de este libro puede reproducirse, almacenarse en un sistema de recuperación o transmitirse deninguna forma o por ningún medio (electrónico, mecánico, fotocopiado, grabado, escaneado u otro) excepto breves citas en reseñas críticas o artículos sin la autorización previa. permiso del autor.

Publicado por Game Changer Publishing

ISBN TAPA BLANDA: 978-1-965653-53-1
ISBN TAPA DURA: 978-1-965653-54-8
ISBN DIGITAL: 978-1-965653-55-5

DEDICACIÓN

A Sergio Medina,
quien, sin duda, habría disfrutado cada momento compartido
en este viaje de Biohacking y Terapias Milenarias.

A nuestro amado hijo Noah Dino,
cuya luz y pureza nos inspiran a ser, cada día, la mejor versión
de nosotros mismos.

Y a todos nuestros alumnos,
que con valentía y dedicación han transformado sus vidas,
iluminando también las nuestras.

ACCEDE A TUS RECURSOS GRATIS

Leé esto primero
Solo para felicitarte por comprar y leer nuestro libro,
¡Nos gustaría darte algunos recursos gratuitos, sin condiciones!

Para acceder a los recursos gratuitos, escanea este código QR:

https://www.marianaypablo.com/biohacking-regalos

Biohacking & Terapias Milenarias

Desbloquea tu Potencial: Sabiduría del Pasado, Innovación del Presente, Salud del Futuro

Mariana Chiarella & Pablo Ricciardi

AGRADECIMIENTOS

Queremos expresar gratitud a nuestros maestros, guías y mentores:

- **SERGIO MEDINA** (nuestro querido amigo y Maestro de REIKI - Dios Bendiga su memoria y alma para seguir enseñándonos desde un plano superior).

- **Dr. DEEPAK CHOPRA** - cuyos libros y conferencias allanaron el camino hacia nuestro propio autodescubrimiento y aprendizaje.

- **Dr. BRUCE LIPTON** - quien nos motivó a creer que somos más que nuestros genes y a quien además tuvimos el placer de conocer.

- **Dr. JOE DISPENZA**, quien descubrió que la poderosa fuerza de nuestros pensamientos puede bendecirnos para una transformación total o condenarnos a limitaciones físicas y emocionales.

- **Dr. GREGG BRADEN** - un científico asombroso en constante búsqueda de nuestro verdadero significado y poder en este mundo.

- **MORRNAH NALAMAKU SIMEONA** y **Dr. HEW LEN** - exponentes y maestros de Ho'oponopono.

- **LOUISE HAY** - cuyo amor incondicional nos enseñó a ser más amables con nosotros mismos.

- **WAYNE DYER** - sin cuyos libros no hubiésemos aprendido a apreciar cada parte de nosotros.

- **TONY ROBBINS** - cuya energía y motivación nos enseño a perseguir nuestros sueños.

DESCARGO DE RESPONSABILIDAD

Este libro contiene las opiniones e ideas de sus autores. Su objetivo es proporcionar material útil e informativo sobre los temas tratados en la publicación. Se vende en el entendimiento de que el autor y el editor no se dedican a prestar asesoramiento médico, sanitario o de cualquier otro tipo ni servicios profesionales en el libro. El lector debe consultar a su propio profesional médico o sanitario competente antes de extraer conclusiones de cualquier cosa que figure en este libro y su contenido. Este libro tampoco pretende servir de base para ninguna decisión o recomendación sanitaria. Los autores y el editor declinan específicamente toda responsabilidad por cualquier obligación, pérdida, riesgo, personal o de otro tipo, en que se incurra como consecuencia, directa o indirecta, del uso y aplicación de cualquiera de los contenidos de este libro.

HISTORIAS DE ÉXITO

He aquí algunas historias de éxito de algunos de nuestros clientes en todo el mundo:

"Tanto Mariana como Pablo son dos personas que dedican su vida al estudio y a la búsqueda de herramientas que sirvan de apoyo a las personas. Con mucha pasión por lo que hacen, plena conciencia y compromiso con el otro. La curación desde el alma es posible y necesaria. Son para mí, una guía para los momentos difíciles". - **Cecilia Calafell**

Transformador y Esencial: *"Este libro es una joya para quienes buscan mejorar su salud y bienestar. Combina de manera magistral la ciencia del biohacking con la sabiduría de terapias ancestrales. Es accesible, práctico y profundamente inspirador.* - **Ana M.**

Innovador y Profundo*: "Leer este libro ha sido una revelación. Ofrece una perspectiva fresca y bien fundamentada sobre cómo podemos tomar el control de nuestra salud. Las historias personales y los consejos prácticos hacen que sea imposible no querer aplicar lo aprendido de inmediato. Un imprescindible para cualquier biblioteca."* – **Carlos G.**

Una Guía Completa y Motivadora*: "Desde la primera página, este libro captura tu atención y no te suelta. La combinación de biohacking y terapias milenarias está presentada de una manera tan clara y motivadora que es *imposible no sentirse inspirado para mejorar la calidad de vida. Supera cualquier expectativa. ¡Más que recomendado!"* – **Lucía P.**

Durante mucho tiempo me considere una verdadera superviviente a causa, no solo, del ambiente tóxico, violento y disfuncional en el que crecí, sino también por todas las experiencias traumáticas posteriores que tuve que atravesar, justamente por las creencias e información que se crearon en mi niñez, adolescencia y adultez joven. Debido a esta vida que fui creando a partir del trauma, me indicaron terapia psicológica desde que tengo memoria y posteriormente también psiquiátrica. A pesar de todo, nunca pude escapar del dolor emocional "crónico". Durante mucho tiempo estuve en la búsqueda de algo que me ayudara a sanar definitivamente. En esa búsqueda aprendí como funciona el subconsciente y cómo las creencias adquiridas disfuncionalmente tienen el "poder" de replicar patrones tóxicos en nuestras vidas (y con tres divorcios en mi "haber" esto era más que obvio!)

Estaba en la búsqueda de algo que "borrara" esa programación que me mantenía en el sufrimiento. Así es como me llega información de PSYCH-K® como un método único, efectivo y rápido para reprogramar el subconsciente. Gracias a Mariana y solo una sesión logré lo que nunca en años de terapia conductual cognitiva y psicofármacos.

Creo que la clave es entender que se trata de utilizar la misma fisiología de la que estamos hechos, revirtiendo el proceso que crearon esas creencias que, en su momento nos sirvieron para sobrevivir pero que ya son obsoletas para vivir en nuestra realidad actual.

El bienestar y la alegría natural volvieron desde ese mismo día y lo noté en el mismo trato con otras personas; y, aunque por momentos me llegan emociones como la tristeza, sé que son mensajeros momentáneos que ya no vienen a quedarse, por eso solo los recibo y enseguida se van. Desde ese día no he vuelto a tener crisis de llanto ni pensamientos suicidas. Gracias Mariana por tu interés, tu sabiduría y tu calidez. - **Patricia F. sobre PSYCH-K®**

El programa de biohacking y terapias ancestrales superó todas mis expectativas y lo recomendaría a cualquiera que esté interesado en mejorar su salud y bienestar de manera integral! Desde el principio, quedé impresionado por la calidad y profundidad del contenido. Los instructores son expertos en sus campos y ofrecen una perspectiva única que combina la sabiduría ancestral con los últimos avances científicos en biohacking. A través de una combinación perfecta de teoría y práctica, el curso ofrece una visión holística de cómo optimizar la salud física, mental y emocional. El programa es una inversión valiosa en salud y bienestar. Me siento inspirado y capacitado para implementar cambios positivos en mi vida diaria, y estoy emocionado por el impacto continuo que tendrá en mi salud a largo plazo. ¡Cinco estrellas merecidas sin duda alguna! - **Pablo Martinez**

"Este programa ha sido un antes y un después en mi vida. La combinación de biohacking con terapias ancestrales no solo me ha ayudado a mejorar mi bienestar físico, sino que también me ha dado herramientas para una mayor claridad mental y emocional. Mariana y Pablo son guías excepcionales, llenos de sabiduría y dedicación. ¡Recomiendo este programa a todos!" –**Claudia Ramen.**

"No sabía lo mucho que necesitaba esta información hasta que empecé el curso. Lo que me brindaron Mariana y Pablo fue más que conocimiento, fue una verdadera transformación de mi estilo de vida. El equilibrio entre la ciencia moderna y las prácticas milenarias es simplemente impresionante. Es el tipo de programa que te cambia para siempre." – **Juan M.**

"He leído muchos libros y tomado varios cursos sobre bienestar, pero este ha sido el que realmente me marcó. Mariana y Pablo logran una fusión perfecta entre el biohacking y la sabiduría ancestral, brindando un enfoque holístico y práctico que ha mejorado mi calidad de vida. Es un recurso invaluable para cualquiera que quiera llevar su bienestar a otro nivel." – **Sofía Lautaro.**

"Este programa me ayudó a reconectar conmigo misma de una manera que no creí posible. Mariana y Pablo no solo comparten conocimientos, sino que te acompañan en un viaje de autodescubrimiento y sanación. Cada técnica, cada práctica, ha sido un paso hacia una vida más plena y auténtica. Es una experiencia transformadora." – **Gabriela Vazquez.**

"Mariana y Pablo son excelentes coaches. Su capacidad de enseñanza es sorprendente, clara, sencilla y muy profesional. Han logrado penetrar en el alma de quienes los escuchan con cada palabra y logran hacer cambios especiales en cada una. Lo que quizás muy pocos saben es que son personas increíbles y grandes amigos, a quienes nunca se olvidan". - **Silvia Federici**

"En un momento muy difícil de mi vida, tuve un aprendizaje que me ayudó a superar muchos obstáculos. Ejercicios de respiración y meditaciones guiadas me acompañan todos los días de mi vida. Gracias queridos maestros, Mariana y Pablo. Actualmente uso lo aprendido con cada paciente". - **Ingrid Nadir**

"Desde hace más de diez años, Mariana y Pablo, con profunda y delicada vocación, compromiso y alegría, han construido un camino por el bien mayor. Ya están en modo legado de sus vidas a las nuestras. Son investigadores constantes en busca de conocimientos para conectar con nuestra creación. Me ayudan mucho a resolver situaciones que nos permitan transformarnos y aspirar a tener ese ansiado "cada día mejor" en nosotros mismos, para compartirlo y crecer, expandiendo la conciencia con el Ayurveda milenario a través de la alimentación, la meditación y sobre todo la veracidad. Siempre experimentando y supervisada con su transparencia. Con ganas de crecer juntos en este nuevo mundo. Muchas felicidades por el lanzamiento de su libro Transformación Total". - **Arminda Moscoso**

"Quiero dedicar estas palabras de agradecimiento a mis queridos maestros que me han encendido las linternas del amor. Mi viaje acompañado de Pablo y Mariana fue un despertar a la gratitud, la bondad y el amor. Mi tránsito de *despertar espiritual fue tan maravilloso de la mano de estas maravillosas personas.*

El prisma de la vida hoy es otro, aunque he dado los pasos, acompañados de tanto amor en sus enseñanzas, han dejado una huella enorme en mi vida y en mi corazón. Porque después de que yo cambié, todo cambió. ¡Mi familia y yo los queremos mucho! Bendigo la existencia de mis queridos maestros". - **Elena Meza**

Conocí a Mariana y Pablo en 2016. Son excelentes profesores, muy profesionales, pero también cariñosos y cordiales. He aprendido mucho de ustedes. Los quiero mucho. ¡Gracias! - **Antonia Morel**

Conocí a Mariana y Pablo cuando participé en un programa de Ayurveda y realmente desde el principio entendí lo que había estado buscando durante mucho tiempo: las personas adecuadas para entender lo que estaba haciendo. Fueron y siguen siendo maestros increíbles. Con ellos, las explicaciones nunca faltaban tantas veces como fuera necesario. Agradezco todo lo que me enseñaron, lo he aplicado y lo sigo aplicando en mi rutina diaria al día de hoy. - **Estela Tita**

Los conocí en 2015 y fue un gran descubrimiento. Mariana y Pablo son excelentes para transmitir los fundamentos del Ayurveda, el masaje ayurvédico y el REIKI. Son generosos con toda la información. Se revelan fácilmente. Doy gracias a la vida por poder cruzarme con ellos. Gracias, Mariana y Pablo. Namasté - **Francisco Miliarese**

Con Mariana y Pablo conocí el Ayurveda, la Ciencia de la Vida Feliz y descubrí los secretos del bienestar. Aprendí ética, ecuanimidad, valores, positivismo para resolver las dificultades, sabiendo que no estamos solos en este planeta y desarrollándonos desde nuestro interior hacia el exterior para modificar comportamientos arraigados en el pasado con buenos resultados en el presente y hacia el futuro con enseñanza en un marco de amor y respeto a todos los seres vivos. -**Jorge Pazos**

"He disfrutado mucho el programa. Mariana y Pablo son grandes Coaches. Excelente material y recursos; información concisa y precisa contenida en el curso, ¡gracias!" - **Pilar Yanez**

"¡Magnífico! Llevo mucho tiempo queriendo aprender estas artes ancestrales y el programa de Mariana y Pablo es maravilloso." - **Kevin Alejandro Torres Rodriguez**

"Mariana es muy didáctica y tiene una calidez y una claridad maravillosas. El programa habla profundamente del lugar en el que me encuentro en mi vida, práctica y espiritualmente, y siento firmemente que este es el camino correcto que me permite avanzar en mi camino espiritual y de sanación." - **Sarah-Jane Franklin**

"¡Me gustó mucho el programa de Ayurveda! Es muy interesante. Además, Mariana y Pablo transmiten tranquilidad, paz y armonía" - **Ana Bailles Isart**

"El programa de Transformación Total me ayudó a refrescarme y a poner en práctica los pasos necesarios para estar centrada y tranquila!!!" - **Lina Yanet Ferrer Taboada**

"¡Excelente programa sobre manejo del estrés!" - **Hector Luna**

"Hace tiempo que quería aprender más sobre Ayurveda. Gracias a Dios encontré este programa. Me conozco mejor según los Doshas y lo que implican. Agradezco esta oportunidad que han creado Mariana y Pablo para mejorar mi calidad de vida." - **Viviana Rolon**

"Todo lo que he aprendido en este programa es increíble. Agradezco a los Mentores Mariana y Pablo por poder hacer esto realidad." - **Tania de la Cruz**

"Este programa es una hermosa sinfonía de tradición, cultura y principios universales." - **Dimitri Snowden**

"Hay un antes y un después en mi vida después de terminar este programa." - **Sandra Guerra Aguirre**

"¡Fantástico! El programa de Ayurveda más intensivo y profundo que he visto." - **Vanessa De Jesus**

"La experiencia con este programa fue verdaderamente enriquecedora. Me permitió adquirir muchos más conocimientos de los que había imaginado y ya los he puesto en práctica. ¡Me siento increíble! Gracias, gracias, gracias." - **Paola Montarzino**

"¡Gracias por los mensajes realmente positivos en este curso! ¡Son realmente maravillosos de escuchar!" - **Emma Frank**

"El programa de Mariana y Pablo es muy completo, muy ameno a la hora de estudiarlo, super bien explicado. Estoy encantado con los Coaches. ¡Gracias!" - **Luján Meram**

"Increíble explicación, brillante. Este programa es la mejor manera que he encontrado para entender el crecimiento humano. ¡Gracias!" - **Maria Ines Cuadra**

"Es muy informativo y el programa más profundo que he hecho sobre Ho'oponopono. He tomado el curso de Joe Vitale. Definitivamente preferí éste. Lo que más me gusta es que los instructores realmente se preocupan por las personas y quieren lo mejor para todos. Mariana y Pablo realmente hacen todo lo posible para brindar información que cambia la vida. Una vez más, gran programa y ALOHA!" - **Tasha Danvers**

"Excelente programa de Meditación. Claro, directo y al grano. ¡Las meditaciones son hermosas y sientes que la vibración cambia de inmediato!" - **María Belén Benavente**

"¡Este programa cambia la vida y se lo recomiendo a todos!" - **Courtney Grace**

"Todo lo que siempre quise saber sobre Ho'oponopono." - **Rian Pelati**

"Me encantó la dinámica y la forma cariñosa y sencilla en que Pablo y Mariana explicaron cada uno de los conceptos. Me ayudaron a conocerme a mí mismo y entender cómo volver al equilibrio. Ya he comenzado lentamente a hacer cambios en mi vida. ¡Gracias por compartir su conocimiento!" - **Pat Luna**

"Este programa llegó exactamente cuando más lo necesitaba. ¡Simplemente se siente perfecto! ¡Lo recomiendo encarecidamente!" - **Nardus Grobler**

"Me encantó la voz y la presencia de los entrenadores. Infinitas gracias por vuestro cariño y disponibilidad." - **Silvia Montalvo Colorado**

"¡Realmente me ENCANTÓ este programa de Ayurveda!" - **Hala Ashrf**

"¡Este programa es fantástico! Es muy detallado y profundo y Mariana tiene una voz hermosa que realmente toca mi alma. Cada vez que la escucho hablar, mi niño interior se nutre." - **Argyro María Veniou**

"Me encantó el programa. me ha brindado mucho. He tomado nota de todo lo que me resonaba para aplicarlo en mi día a día. Gracias Mariana y Pablo. ¡Son geniales!" - **Maria Lado**

"Me encantó el programa. Los instructores son muy agradables; Me encanta su buen humor. La información es completa y muy interesante. Seguiré aplicando lo aprendido en mi día a día. Muchas gracias por todo." - **Lorena Delgado González**

"Me gustó mucho este programa. Lo más importante es saber la razón por la que estudiamos algo. Lo que me llevó a elegir este programa es que buscaba paz emocional. Durante el programa comencé a usar lo que había aprendido para mi vida cotidiana. En los momentos que tenía ganas de enfadarme, recordaba lo aprendido y me hacía bajar la intensidad de mi emoción, trasladándola al área de mi responsabilidad y luego poco a poco iba encontrando la estabilidad que buscaba. ¡Muy recomendable!" - **Sergio Guerrero**

"¡Este programa llegó en el momento justo y es fantástico!" - **Natalia Willey**

"Qué programa tan increíble... ¡Muchas gracias por traernos luz!" - **Dilani S.**

"Mariana y Pablo tienen una increíble energía y ayudan a que el programa sea espectacular. Cada una de las lecciones fue perfecta, tal como tenía que ser para mi momento. ¡Muchas gracias!" - **Andrea Valín Fontão**

"¡Qué programa tan hermoso! Disfruté cada minuto." - **Susan MacKay**

"¡Este es un curso fabuloso! Me ha encantado lo que he aprendido. Lo explican muy claro. ¡Estoy tan contenta de haberme registrado!" - **Karla Ochoa**

"Soy una terapeuta de masaje que actualmente trabaja con el dolor de perder a un ser querido por suicidio. Encontré que este curso sería muy útil en futuras interacciones con clientes y me ayudó a superar esa tremenda pérdida. Muchas gracias por esta nueva herramienta encontrada. Agradeciendo todo el tiempo y el esfuerzo que se dedicó a esto." - **Emily M.**

"Mariana y Pablo, Muchas gracias por tan fantástico programa. Creo que me enamoré de la voz de Mariana :) Era relajante y me hizo esperar con ansias cada lección. Espero practicar las técnicas diariamente y traer algunos cambios en mi vida. Me encanta la forma en que se llevó a cabo el programa; fue sencillo, fácil de seguir y hecho con mucho amor y cariño. Gracias por esta increíble

oportunidad de aprender una de las verdades clave de la vida. Mucho amor."
- Piyali Ghosh

"Me encantaron las explicaciones. Estoy trabajando en el crecimiento personal y el perdón. Cuando leí por primera vez sobre Ho'oponopono no pude encontrar mucho sobre el tema. Tan pronto como comencé a trabajar en mí mismo. Ahí estaba!!!! Compré Zero Limits y me detuve a más de la mitad. Estaba tan confundido. El tuyo fue mucho mejor. ¡Lo recomiendo completamente! -**Bobbie Reihe**

"Este programa superó mis expectativas. ¡Excelente!" - **Lidia V.**

"¡Me encantó el programa! Estoy empezando a aplicar lo que he aprendido y estoy empezando a sentir los cambios. ¡Gracias!" - **Fred Urrutia**

"¡Mariana y Pablo son grandes maestros! Este programa es dinámico, profundo y muy útil." - **Pablo Kaswalder**

"Me parece un programa de lo más necesario en la vida de cada persona. Muchas veces no recordamos que tenemos que nutrir nuestra alma cómo nutrimos nuestro cuerpo y lo descargamos de la basura y restos que tanto nosotros como nuestros antepasados nos han dejado. Con mucho amor y sin culpa. ¡Gracias, gracias, gracias, gracias, por compartir este conocimiento, Mariana y Pablo!" - **Dolores Hernández**

"Mucha información útil. ¡Recomiendo totalmente este programa a cualquier persona interesada en aprender a tener una vida mejor! Los instructores son excelentes y, como profesionales, incluyen información práctica importante que hace que el proceso de aprendizaje sea más fácil y accesible. Estoy muy feliz de haber invertido en este programa." - **Dayamí Velázquez**

"Mariana y Pablo son personas muy preparadas y tienen el conocimiento para poder transmitirlo." - **Jose Jimenez**

"Me ha fascinado este programa. No me arrepiento para nada de confiar en Pablo y Mariana. Les agradezco mucho esta valiosa información y esta enseñanza. Me ha permitido conocerme mejor y saber qué me conviene y cómo llevar una vida equilibrada y saludable. ¡Muy feliz!" - **Zaira Salazar Castro**

"Disfruté mucho el programa de Mariana y Pablo. Definitivamente continuaré con la práctica :) ¡Gracias Mariana y Pablo! Los amo a ambos." - **Andrea Horn**

"¡Este programa es genial, y muy profundo! ¡Me gusta mucho!" - **Victoria Schnare**

"Me encanta este programa y el cariño que transmiten Mariana y Pablo en cada clase. Se nota el esfuerzo y la dedicación en cada detalle. Pondré en práctica todo lo que estoy aprendiendo y así mejoraré mi vida. Felicidades por tu trabajo y energía positiva ☺." - **Belén Valencia**

"Me encantó este curso. Todos los contenidos están bien explicados y con mucho cariño." - **Fatima Rojas**

"¡Fue un programa increíble! Aprendí mucho y disfruté cada minuto. Muy recomendable." - **Orli Degani**

"¡Me encanta este programa! Estoy aprendiendo mucho. Muchas gracias Pablo y Mariana por su dedicación y cariño. Súper genios!!!" - **Irene Chi**

"Es un programa maravilloso. Los profesores explican muy bien cada una de las lecciones y todo muy claro. Lo recomiendo 100%." - **Ramiro Monge**

PREFACIO

¿Qué lograrás al leer este libro?

Te damos la bienvenida a un viaje de autodescubrimiento y transformación personal. Este libro, "**Biohacking & Terapias Milenarias**", está diseñado para ser más que una simple lectura; es una guía práctica y accesible que te permitirá tomar las riendas de tu bienestar físico, mental y emocional. Al sumergirte en sus páginas, experimentarás una fusión única de ciencia moderna y sabiduría ancestral, brindándote herramientas para optimizar tu calidad de vida de manera holística.

1. **Mejora Integral de la Salud:** Aprenderás cómo pequeños ajustes en tu estilo de vida pueden tener un impacto significativo en tu salud y vitalidad. Desde técnicas de biohacking respaldadas por la ciencia hasta terapias milenarias probadas por el tiempo, descubrirás estrategias efectivas para mejorar tu bienestar físico, mental y emocional.

2. **Conocimiento Práctico y Aplicable:** Este libro está repleto de consejos prácticos, estudios de caso y experiencias personales que te permitirán aplicar lo aprendido de manera inmediata. Ya sea que busques mejorar tu calidad del sueño, optimizar tu alimentación, aumentar tu energía o reducir el estrés, encontrarás herramientas valiosas y fácil de implementar.

3. **Inspiración para el Crecimiento Personal:** Además de los aspectos prácticos, este libro te motivará a reflexionar sobre tu vida y tus hábitos. Las historias personales y las experiencias compartidas te inspirarán a tomar acción y a adoptar un enfoque más consciente y saludable en tu día a día.

4. **Empoderamiento Personal:** Una de las mayores recompensas al leer este libro será el sentido de empoderamiento que obtendrás. Comprenderás que tienes el poder de influir en tu propia salud y bienestar, y que tus decisiones diarias pueden tener un impacto duradero y positivo en tu vida.

5. **Conexión con la Naturaleza y la Sabiduría Ancestral:** En un mundo cada vez más tecnológico, este libro te ayudará a reconectar con prácticas antiguas que han demostrado su eficacia a lo largo de los siglos. Aprenderás a equilibrar lo mejor de ambos mundos, integrando la tecnología moderna con las terapias milenarias para crear una vida más equilibrada y armoniosa.

Te invitamos a embarcarte en esta emocionante aventura hacia una vida más sana, consciente y plena. Con cada capítulo, estarás un paso más cerca de alcanzar un bienestar óptimo y de descubrir el increíble potencial que reside dentro de ti. ¡Te damos la Bienvenida a "Biohacking & Terapias Milenarias" y al comienzo de una transformación que cambiará tu vida para siempre!

Tabla de Contenido

Agradecimientos .... *ix*
Descargo De Responsabilidad .... *xi*
Historias De Éxito .... *xiii*
Prefacio .... *xxv*

Introducción 1
Quienes Somos 3

Parte 1 – ¿Por qué Biohacking? 5
    ¿Qué es Biohacking? 7
    Exponentes Principales de Biohacking 9
    Sabiduría Milenaria 11
    ¿Qué es salud? 12
    ¿Te pasa a ti? ¿Tienes alguno de estos síntomas? 13
    Salud y Mitocondrias 16
    Tus 3 Cerebros 18
    Kryptonita en polvo 20
    ¿Qué debes evitar/erradicar? 21

Parte 2 39
    Hidratacion 40
    Actividad Física = Movimiento 55
    Sueño 75
    Alimentación 80
    Meditacion 88
    Conexion Natural 98

Hormesis: lo que no te mata, te hace mas fuerte 108
Suplementos 112
Gadgets 116

Parte 3 – Neurohacking y PSYCH-K®: Redefiniendo Creencias y Reprogramando la Mente 125
Epílogo 135

INTRODUCCIÓN

¿Alguna vez te has preguntado si es posible **hackear tu biología** para vivir una vida más plena, saludable y vibrante? ¿Te imaginas despertar cada día con **energía ilimitada, claridad mental y un bienestar que trascienda lo físico?**

En estas páginas, te revelaremos secretos que pueden cambiar tu destino. Desde técnicas milenarias hasta innovaciones tecnológicas de vanguardia, exploraremos cómo pequeños ajustes en tu rutina diaria pueden tener un impacto profundo en tu salud y bienestar.

En un mundo donde la tecnología avanza a pasos agigantados y la ciencia nos revela nuevos secretos sobre el cuerpo y la mente cada día, es fácil olvidar que **muchas de las respuestas que buscamos ya han sido descubiertas hace milenios.** Desde las montañas del Himalaya hasta las selvas del Amazonas, culturas ancestrales han desarrollado prácticas y sabidurías que hoy conocemos como terapias ancestrales/milenarias. Pero, **¿qué pasa cuando fusionamos estas prácticas milenarias con las herramientas más modernas del biohacking?**

Imagina poder optimizar tu salud y bienestar combinando **lo mejor de ambos mundos: la ciencia de vanguardia y la sabiduría antigua.** ¿Y si te dijéramos que esta combinación no sólo es posible, sino que está al alcance de tu mano?

En este libro, te llevaremos en un viaje fascinante donde exploraremos cómo el biohacking y las terapias milenarias pueden transformarte desde adentro hacia afuera: desde técnicas para reprogramar tu subconsciente y optimizar tu rendimiento cerebral, hasta métodos naturales para sanar y equilibrar tu cuerpo. Descubrirás un nuevo enfoque para vivir una vida plena y vibrante.

Prepárate para desafiar tus creencias, expandir tus horizontes y aprender a tomar el control de tu bienestar como nunca antes. En este viaje revelador desafiarás tus creencias sobre lo que es posible, y tomar el control de tu propia biología para crear la mejor versión de ti mismo.

Te damos la bienvenida a un viaje de autodescubrimiento y transformación que te llevará al próximo nivel de salud y felicidad.

QUIENES SOMOS

En próximas páginas, compartiremos una abundante cantidad de información valiosa. Nuestra recomendación más sincera es que mantengas una mente y un corazón abiertos a todo lo que aquí encontrarás.

Somos Mariana & Pablo y contamos con más de 20 años de experiencia en la docencia y práctica de la **Medicina Ayurveda**. Somos especialistas en Ayurveda, así como en técnicas de meditación, **Reiki**, **Ho'oponopono** y **Biohacking**. Mariana, además, es facilitadora de **PSYCH-K®**, un método innovador que se centra en la evolución personal mediante la reprogramación de creencias limitantes y la liberación de estrés emocional.

Nuestra trayectoria nos ha llevado a ser autores, coaches y conferencistas. Hasta el momento, hemos publicado cuatro libros, tanto en inglés como en español. A lo largo de los años, hemos impartido numerosos talleres, seminarios y programas, alcanzando a más de 11.000 alumnos alrededor del mundo en más de 100 países.

Estamos emocionados de compartir nuestros conocimientos y experiencias contigo, con la esperanza de que te inspiren y te guíen en tu propio viaje de bienestar y crecimiento personal.

MARIANA CHIARELLA & PABLO RICCIARDI

PARTE 1
¿POR QUÉ BIOHACKING?

Antes de responder esta pregunta, vamos a contarte una breve historia.

Pablo:
En el 2018, tuve la oportunidad de viajar a Estados Unidos para dar un seminario y también aprovechar para a especializarme en otras técnicas y terapias de auto-mejoramiento y desarrollo personal. En este viaje me encontré con dos experiencias que me impactaron profundamente. La primera fue la tecnología con la que se cuenta y la **cantidad de gadgets que existen para aliviar el dolor y mejorar la calidad de vida.** Para darte un ejemplo concreto, estuve un par de semanas con un amigo que vive en Los Ángeles y corriendo, tuvo una micro lesión en una pierna. Decidió ver a un traumatólogo en un gimnasio de alta complejidad. Allí lo atendieron sumamente rápido y con mucha eficacia. Le dieron ejercicios específicos y le recomendaron comprar un artefacto (no recuerdo exactamente cual). Luego de tres días el dolor punzante que tenía en su pierna, este desapareció completamente sin volver a aparecer.

Esto me sorprendió ya que en Argentina y quizás en gran parte de Latinoamérica, **estamos acostumbrados a convivir con el dolor durante un largo tiempo**: largas sesiones de Kinesiología y molestias durante años. **Nos acostumbramos a creer que somos frágiles e imperfectos y que el tiempo**

sólo nos empeora. La rápida recuperación de mi amigo llamó tanto mi atención que decidí investigar las prácticas del doctor hasta que descubrí que era experto en Biohacking.

"El mundo del biohacking se abre para mejorar nuestra calidad de vida de forma eficaz y rápida".

Hace no mucho tiempo, nos convertimos en padres. Y esta experiencia nos cambió la vida. Cambió nuestro sueño, nuestras rutinas, nuestra alimentación, nuestros horarios y prioridades. En síntesis: todo cambió. ¿Por qué te compartimos esto? Porque el haber sido padres nos permitió tomar aún más conciencia de nuestras vidas y rutinas diarias. Las sabidurías milenarias que estudiamos y aplicamos durante años nos ayudaron a conectar con la naturaleza, con una forma de vida más natural, sana y consciente pero había algo importante y vital que aún no sabíamos y que estábamos necesitando: Biohacking.

Entonces, ¿por qué biohacking? Porque **siempre podemos estar mejor**. Siempre es un buen momento para conocernos un poco más a nosotros mismos, para ser conscientes de las rutinas que quizás no nos estén ayudando, para entender que hay cosas que se pueden aprender cada día para estar cada día más sanos, para descansar mejor, para tener una mejor alimentación, para poder eliminar toxinas de forma más efectiva.

Tenemos la posibilidad de convertirnos en una mejor versión de nosotros mismos: más sana, más llena de energía y más plena y feliz.

Te compartimos una frase que va a determinar el tono de este libro pero que también puede influenciar tu vida a partir de este momento:
"Tus genes no determinan tu destino. Tu estilo de vida, sí." (Dr. Bruce Lipton, PhD Biología Celular).

Si padeces de alguna patología o algún desequilibrio o un diagnóstico desalentador, te sugerimos que no te aferres al pronóstico. El pronóstico siempre puede ser mucho más positivo o completamente distinto de lo que crees.

Aquí te compartimos otra frase, esta vez de nuestra propia creación que esperamos te acompañe siempre:
"El pasado: lo sano. El presente: lo disfruto y el futuro: lo preparo." (Pablo Ricciardi)

Después de un tiempo de haberlo creado decidimos ampliarla un poco más. Ésta es la versión final:
"El pasado: lo acepto y lo sano. El presente: lo vivo y lo disfruto. Y el futuro: lo visualizo y lo preparo."

El pasado debe ser aceptado. Basta de culparte por lo ocurrido, de lo que fue, porque ya no existe. Es vital poder sanar nuestro pasado, porque si no se sana, se queda ahí. Es como el agua estancada. Es importante que nada se quede ahí, porque lo que no sale, se queda dentro y se pudre. El presente hay que disfrutarlo, hay que vivirlo, con plena consciencia. Y tu futuro debes visualizarlo como tu quieres que sea. El siguiente paso es tomar acción para poder vivir ese futuro que tanto deseas desde tu mente y tu corazón.

¿Qué es Biohacking?

El biohacking es la aplicación de la ciencia, la tecnología y la sabiduría ancestral para tomar el control casi absoluto de nuestra vida y optimizar nuestra biología de manera óptima, con resultados medibles (según nuestra visión). La palabra clave aquí es "medible". Lo que no se mide, no se puede mejorar. Aunque aplicar el biohacking puede ser sencillo, requiere apertura mental y flexibilidad.

El biohacking comprende un conjunto de acciones y técnicas que cualquier persona puede llevar a cabo. Estas técnicas y herramientas están enfocadas en optimizar nuestro cuerpo, nuestra mente y nuestra vida en general. Entonces, ¿qué es un biohacker? No se trata sólo de individuos especiales; todos podemos ser biohackers. Ser un biohacker significa aspirar a ser la mejor versión de nosotros mismos. Implica tener la intención y el control sobre nuestro cuerpo y mente para mejorar nuestra salud, reducir los síntomas si los hay, aumentar nuestra energía, mejorar la calidad del sueño y el descanso (que no son lo mismo), y mantener un peso ideal y saludable.

El objetivo del biohacking también es prevenir enfermedades y mantener un estado de salud óptimo a largo plazo, beneficiándonos con una óptima calidad de vida. Además, es crucial aprender a manejar nuestros estados emocionales, ya que el biohacking no solo se centra en nuestra biología, sino también en nuestra parte emocional (esto lo veremos más adelante).

Para ilustrar esto, consideremos una analogía. Cuando compramos una máquina para hacer jugo, es muy sencillo de aprender a usar. En un par de minutos, aprendemos a hacer jugo con él y listo. Pero ese artefacto tiene una función limitada: solo sirve para hacer jugo. En cambio, una computadora tiene muchas funciones: podemos escuchar música, ver películas, trabajar en Excel, en PowerPoint, hacer videoconferencias y enviar correos electrónicos. ¿Por qué es relevante esta comparación? Porque cuanto más complejo es un sistema o hardware, más difícil es aprender a usarlo, pero también ofrece más opciones de uso o "hackeo".

Nuestro cuerpo humano es increíblemente complejo y, por lo tanto, ofrece muchas posibilidades de biohacking. A pesar de su complejidad, podemos aprender a hackear nuestro cuerpo y mente a nuestro favor, aprovechando su potencial para mejorar nuestra salud y bienestar en general.

Exponentes Principales de Biohacking

Aunque el campo del biohacking cuenta con muchas voces y seguidores, hay tres figuras destacadas que han formado comunidades influyentes y se consideran pioneros en esta disciplina. Estos tres biohackers dedican su vida a explorar y expandir los límites de lo posible en la optimización de la biología humana.

Dave Asprey: Considerado el "padre del biohacking", Dave Asprey es el creador de la compañía Bulletproof y del famoso Bulletproof Coffee©, también conocido como Café a Prueba de Balas, que aprenderemos a preparar más adelante. Asprey ha declarado su intención de vivir hasta los **180 años**, una meta que, independientemente de las opiniones éticas que pueda suscitar, subraya su dedicación a dominar nuestra biología. Asprey comenzó su viaje en el biohacking tras enfrentar problemas de salud y una significativa pérdida de peso. Su búsqueda de bienestar lo llevó a desarrollar una serie de prácticas y descubrimientos centrados en mejorar la salud y el bienestar general. Sus contribuciones han sentado las bases para muchas de las técnicas de biohacking que se utilizan hoy en día. Se mantiene muy activo en las redes sociales.

Josiah Zayner: Un ex científico de la NASA, Josiah Zayner es conocido por su trabajo en biología sintética y la democratización de la ciencia. Aunque no es tan conocido como Asprey, Zayner ha hecho contribuciones significativas al biohacking, especialmente a través de sus experimentos con la técnica **CRISPR** para modificar su propia genética. En una conferencia, Zayner demostró en vivo cómo se modificaba genéticamente, un acto que abrió un debate sobre las implicaciones éticas del biohacking. Su enfoque está en hacer que los avances científicos sean accesibles para todos, promoviendo la idea de que cualquiera puede participar en la revolución del biohacking.

Bryan Johnson: Fundador de Kernel y creador del proyecto **Blueprint**, Bryan Johnson es un millonario que ha invertido significativamente en la investigación y aplicación del biohacking para revertir su edad biológica. Con la ayuda de un equipo de médicos, Johnson ha logrado reducir su edad biológica a 32 años (según propias mediciones), a pesar de tener alrededor de 48 años cronológicos (al momento de escribir este libro). Su objetivo es llegar a los 18 años biológicos. Johnson documenta meticulosamente todos sus experimentos y avances en su plataforma Blueprint, compartiendo sus estrategias en alimentación, actividad física, suplementación y el uso de gadgets también en sus redes sociales. Su enfoque es democratizar el acceso a estas técnicas, mostrando que no es necesario ser millonario para beneficiarse del biohacking.

Estos tres exponentes han logrado avances notables en el campo del biohacking, pero lo más importante es que están trabajando para hacer accesibles estas innovaciones a un público más amplio. Gracias a sus esfuerzos, muchas de las técnicas y prácticas de biohacking están siendo validadas científicamente y pueden ser incorporadas a nuestra vida diaria para mejorar nuestra salud, vitalidad, energía y calidad del sueño.

El biohacking no solo se trata de extender la vida, sino de **vivir una vida plena y saludable**. Al aplicar las técnicas y conocimientos compartidos por estos pioneros, podemos empezar a ser más conscientes de nuestras rutinas diarias y adoptar prácticas que nos ayuden a ser la mejor versión de nosotros mismos. Es un camino hacia la **democratización de las terapias de rejuvenecimiento y la extensión de la vida**, haciendo posible que más personas tengan acceso a estas innovaciones y puedan beneficiarse de ellas.

Sabiduría Milenaria

Llevamos muchos años dedicándonos a la **medicina Ayurveda** y a otras terapias milenarias, no solo como docentes, sino también como practicantes. Hemos integrado profundamente el Ayurveda en nuestra vida diaria, aplicándolo en nuestro bienestar personal y ahora también en la crianza de nuestro hijo. Para Ayurveda, la **meditación** es una parte integral y fundamental en la salud así que llevamos varios años guiando grupos de meditación además de realizar nuestra propia práctica diaria.

Además del **Ayurveda**, practicamos **Ho'oponopono**, una sabiduría ancestral hawaiana centrada en la liberación de emociones y creencias limitantes, la armonización, el equilibrio interno y la sanación a través del perdón. Esta práctica nos ha permitido mantener una salud óptima al abordar el bienestar emocional y espiritual. También, ambos somos Maestros de **REIKI** (sistema Usui Tradicional) y llevamos más de una década aplicando sus principios y prácticas en nuestra vida y atendiendo a otras personas.

Asimismo, hemos dedicado algunos años a la práctica del **Tai Chi y al Kung Fu Shaolin y Wing Chun**, una disciplina que mejora la energía vital y promueve la longevidad y la salud general.

También utilizamos la **acupuntura** como método terapéutico, beneficiándonos de esta técnica milenaria que equilibra el flujo de energía en el cuerpo y trata diversas dolencias de manera natural.

Por último, y no menos importante, Mariana es Facilitadora en **PSYCH-K®**, un método muy nuevo y muy profundo que permite reprogramar creencias que albergamos en el subconsciente para comenzar a vivir una vida plena y sana. Durante varios años tanto Mariana como Pablo tomaron sesiones de PSYCH-K® notando los cambios profundos en distintas áreas de sus vidas (desde el valor personal hasta la abundancia y la paternidad).

Es fundamental reconocer que muchas de estas prácticas ancestrales pueden ayudarnos a alcanzar la mejor calidad de vida que merecemos. La meta no es vivir 200 años (aunque podrías si es lo que quieres…), sino vivir bien el tiempo que tenemos. Este tiempo debe ser vivido con plenitud, no con sufrimiento ni padecimiento.

El propósito de estas terapias es aprender y crecer, enfrentando y superando nuestros desafíos personales, esos "talones de Aquiles" que todos tenemos. A través de la sabiduría ancestral, podemos encontrar equilibrio, salud y una vida más armoniosa.

¿Qué es salud?

¿Qué es para ti la salud? ¿Qué crees que es la salud? Tomate unos minutos, hazte la pregunta y escucha tu respuesta…

Durante mucho tiempo, la definición predominante de salud fue simplemente la *ausencia de enfermedad*. Sin embargo, esta visión es limitada y no refleja la complejidad del bienestar humano.

Afortunadamente, la Organización Mundial de la Salud (OMS) amplió hace unos años esta definición. Según la OMS:
"La salud es un estado de completo bienestar físico, mental y social, y no solamente la ausencia de afecciones o enfermedades".

Esta perspectiva holística reconoce que la salud abarca mucho más que la mera inexistencia de patologías; incluye también el bienestar integral de la persona.

Curiosamente, el Ayurveda propone una definición de salud similar, pero más abarcativa:

"La salud se define como un estado de equilibrio integral entre el cuerpo, la mente y el espíritu. No se trata solo de la ausencia de enfermedad, sino de mantener una armonía perfecta entre los tres doshas (Vata, Pitta y Kapha), los tejidos corporales (dhatus), los desechos (malas) y las energías vitales (ojas, tejas y prana). La salud también implica una digestión óptima (agni), una mente tranquila, y un sentido de conexión con uno mismo y el entorno. El objetivo es vivir en equilibrio con la naturaleza interna y externa para alcanzar un bienestar pleno y duradero."

Es crucial entender que **podemos tomar el control de nuestra salud**. La creencia de que estamos a merced de factores externos no es cierta. Tenemos el poder de influir positivamente en nuestro bienestar a través de nuestras elecciones y acciones diarias. Cambiemos esa creencia limitante y asumamos la responsabilidad de nuestra salud.

Nosotros mandamos en nuestra vida y en nuestro cuerpo. Lo que nos han hecho creer sobre nuestra impotencia frente a la salud no es verdad. Tenemos el control y, con las herramientas y conocimientos adecuados, podemos alcanzar un estado de bienestar pleno. La salud es un viaje continuo hacia el equilibrio y la armonía en todos los aspectos de nuestra existencia.

¿Te pasa a ti? ¿Tienes alguno de estos síntomas?

A continuación te vamos a compartir una lista de "síntomas" que hoy se han normalizado, pero es importante que tomes conciencia de ellos para poder corregirlos y lograr vivir una vida plena. Te pedimos que los leas a consciencia y respondas con honestidad. En el siguiente enlace encontrarás el workbook de regalo para acompañarte en tu desarrollo personal:

https://www.marianaypablo.com/biohackinglibro-workbook

- **Fatiga general:** ¿Te sientes cansado constantemente? ¿Te despiertas sin energía incluso después de una noche de haber dormido lo suficiente?
- **Problemas de sueño:** ¿Sufres de insomnio o tienes dificultades para conciliar el sueño?
- **Inflamación:** ¿Experimentas inflamación general, molestias estomacales, mala digestión o acidez?
- **Dolores y molestias:** ¿Sufres de dolor de cabeza, jaquecas, migrañas, dolores corporales o articulares?
- **Problemas de piel:** ¿Notas picores, manchas, erupciones o alergias en tu piel?
- **Cambios de humor:** ¿Experimentas mal humor, cambios de humor, depresión o ansiedad?
- **Antojos:** ¿Tienes antojos frecuentes de comida chatarra o dulces?
- **Problemas cognitivos:** ¿Notas falta de memoria y dificultad para concentrarte?

Estos síntomas se han vuelto tan comunes en nuestra sociedad que muchas veces los hemos naturalizado. Nos hemos acostumbrado a pensar que es normal vivir con estas molestias, como si fueran una parte inevitable de la vida moderna.

Pero, ¿realmente debería ser así?

- ¿Es normal sentirse fatigado todo el tiempo?
- ¿Es natural tener dolores constantes o problemas de piel?
- ¿Deberías aceptar los cambios de humor y la ansiedad como parte de tu día a día?
- ¿Es inevitable tener antojos de alimentos poco saludables?
- ¿Deberías resignarte a la pérdida de memoria y la falta de enfoque?

La respuesta es no. Estos síntomas no son normales. Indican que hay un desequilibrio en tu cuerpo-mente que necesita ser abordado.

Es posible vivir sin dolor, sin problemas de piel, sin mal humor y sin antojos de comida chatarra. También es posible mantener una buena memoria y concentración. Cuando olvidas dónde dejaste las llaves o tienes otros problemas de memoria, es una señal de que algo en tu cuerpo no está funcionando correctamente. La idea no es alarmarte, pero sí que empieces a tomar mayor conciencia de tu biología.

Entonces, ¿qué puedes hacer al respecto?

Primero, reconoce que estos síntomas son una señal de que tu cuerpo necesita atención. No los ignores ni los aceptes como inevitables. Luego, busca maneras de reequilibrar tu salud a través de hábitos saludables, una dieta equilibrada, ejercicio regular y técnicas de manejo del estrés. Más adelante en este libro, aprenderás técnicas y herramientas para reencontrar el equilibrio y lograr tu mejor versión. ¡Libre de malestares, olvidos y con mucha alegría!

Preguntas para reflexionar:

1. ¿Has aceptado alguno de estos síntomas como algo normal en tu vida?
2. ¿Qué pasos puedes tomar hoy para abordar estos desequilibrios en tu cuerpo?

3. ¿Cómo podrías mejorar tu rutina diaria para reducir estos síntomas?
4. ¿Tienes ganas reales de hacer cambios en tu estilo de vida para mejorar tu salud y bienestar?

Reflexiona sobre estas preguntas y prepárate para tomar acción. ¡No estás solo/a!

En los próximos capítulos te enseñaremos las mejores maneras para lograr una vida más equilibrada y saludable. Recuerda, **mereces vivir sin dolor ni molestias, disfrutando de una salud óptima y bienestar completo**.

Salud y Mitocondrias

SALUD = ENERGÍA

La salud es igual a Energía. Y la energía viene de las células, específicamente de las mitocondrias. Este descubrimiento es de vital importancia.

La energía proviene de las células, y estas requieren tres cosas fundamentales: **oxígeno, hidratación y excreción.** Si algo de esto se interrumpe o se corrompe, perdemos energía. Ahora, vamos a explicar en detalle qué son las mitocondrias y por qué son clave para la vida y para el biohacking. Todos los biohackers prestamos muchísima atención a la salud de nuestras mitocondrias.

Las mitocondrias, en términos sencillos, son como fábricas diminutas dentro de las células de todos los seres vivos, incluidos animales, plantas y humanos. La función principal de las mitocondrias es producir energía. Esta energía, conocida como ATP (la abreviatura de "adenosina trifosfato"), permite que las células realicen sus actividades esenciales, como crecer, moverse y dividirse.

La energía que producen las mitocondrias proviene de los alimentos que ingerimos. Es importante recordar que, según el Ayurveda, *el "alimento" es todo lo que entra por los sentidos*: lo que vemos, oímos y experimentamos en nuestro entorno. Esto significa que no solo la comida, sino también el estrés y el ambiente en el que vivimos, afectan directamente a nuestras mitocondrias.

Las mitocondrias son responsables de convertir los alimentos en una forma de energía que las células pueden utilizar para realizar sus funciones. Sin embargo, debemos prestar atención al consumo de alimentos agresores (como dulces, comida chatarra, ultra procesados, aceites hidrogenados y un largo etcétera que compartiremos en los próximos capítulos), ya que estos afectan negativamente a nuestras mitocondrias.

Las células forman todo nuestro cuerpo, tejidos y órganos, y de ahí proviene nuestra energía para realizar nuestras actividades diarias, desde levantarnos y trabajar hasta relacionarnos con otras personas.

Los síntomas que hemos mencionado anteriormente, como falta de concentración, mala digestión, letargo e insomnio, pueden ser indicativos de **disfunción mitocondrial**. No debemos confundir esto con una patología severa de disfunción mitocondrial, que es una condición médica más grave. Sin embargo, estos síntomas comunes pueden señalar que nuestras mitocondrias no están funcionando de manera óptima.

Además de producir energía, las mitocondrias tienen otras funciones cruciales, como regular el metabolismo celular y la apoptosis, que es la muerte celular programada. Por lo tanto, las mitocondrias son esenciales para la salud de cada célula, permitiéndoles tener la energía necesaria para desarrollarse y cumplir su función.

Como todo nuestro cuerpo está compuesto por células, es fundamental mantener un equilibrio mitocondrial. La salud mitocondrial es vital para nuestro bienestar general. Así que, cuidar nuestras mitocondrias no sólo optimiza nuestra energía, sino que también mejora nuestra salud y calidad de vida en su totalidad.

En nuestro previo libro **Transformación Total**, abordamos un poco más en detalle sobre el concepto de Salud, Energía y las células. Puedes conseguir el libro en el siguiente link:

https://www.marianaypablo.com/pedido-de-libros

Tus 3 Cerebros

Tu cerebro consume aproximadamente el 20% de la energía total de tu cuerpo, lo cual es sorprendentemente alto considerando que solo representa alrededor del 2% del peso corporal. En comparación, el corazón, a pesar de trabajar continuamente bombeando sangre, solo consume alrededor del 8-10% de la energía. Los riñones, que filtran la sangre y eliminan desechos, utilizan aproximadamente el 7%. Esto te demuestra, cómo el cerebro, siendo relativamente pequeño, requiere una cantidad desproporcionada de energía para mantenerse activo, principalmente para mantener la comunicación entre sus neuronas.

Toda esta increíble cantidad de energía proviene de las mitocondrias. Si hay disfunción mitocondrial, tu cerebro no funcionará adecuadamente. Esto significa que podrías tener problemas para pensar con claridad, tomar decisiones y ejecutar funciones cognitivas importantes.

La inflamación es otro tema crucial. Hoy en día se habla mucho de la inflamación como el origen de muchas enfermedades. La inflamación en cualquier parte del cuerpo, como la que sucede luego de un golpe, afecta inmediatamente a nivel neuronal. Cada inflamación corporal va directamente al cerebro, causando un impacto significativo. Esto no es un mito; ha sido comprobado que la inflamación afecta nuestras funciones cerebrales, deteriorándolas poco a poco.

Es interesante entender cómo funciona el cerebro en su totalidad. A pesar de la creencia popular, **usamos el 100% de nuestro cerebro**, aunque diferentes zonas se activan en distintos momentos según la tarea que realizamos.

El cerebro reptil o reptiliano es el cerebro más antiguo y se encarga de las funciones primarias como la respiración, la digestión y la reproducción. Sin esto, estaríamos en serios problemas.

El cerebro límbico, situado por encima del cerebro reptil, se encarga de las emociones y la memoria. Este cerebro juega un papel crucial en la regulación emocional y el control del sistema endocrino, afectando nuestras relaciones y expresiones emocionales.

El cerebro más reciente es el **neocórtex o la corteza prefrontal**. Este cerebro es responsable de las funciones racionales como el aprendizaje, el lenguaje, los movimientos voluntarios, la planificación y la creatividad. Es lo que nos diferencia del resto de los animales y nos permite realizar tareas complejas y abstractas.

Cada parte del cerebro tiene funciones específicas y es fundamental mantenerlas en equilibrio para asegurar una vida saludable. El cerebro reptiliano, siendo el más primitivo, no está bajo nuestro control consciente, aunque algunas teorías sugieren que ciertas técnicas, como las que emplea Wim Hof (en nuestro canal de Youtube puedes encontrar un video dedicado), podrían influir en él.

El equilibrio entre estas partes del cerebro y el mantenimiento de una buena salud mitocondrial son esenciales para nuestro bienestar general.

Kryptonita en polvo

Vamos a contarte una analogía para que sea más fácil entender lo que venimos compartiendo. Piensa en Superman. Todos conocemos a Superman, ¿verdad? El hombre de acero con superpoderes. Sin embargo, tenía una debilidad: la kryptonita. Quiero que te imagines esto por unos minutos. Imagina que Lex Luthor, su más temible archienemigo, muele una piedra de kryptonita hasta convertirla en polvo. Sin que Superman se dé cuenta, sabiendo que es Clark Kent, esparce polvo de kryptonita por toda su casa: un poco en la cocina, un poco en la sala, otro poco debajo de la cama.

¿Cómo se sentiría Superman al levantarse? Probablemente no perdería todos sus poderes, pero sí una parte de ellos debido al polvo de kryptonita. Sus habilidades estarían disminuidas. ¿Qué debería hacer Superman en esta situación? Aún podría volar, pero estaría cansado. Sus rayos láser serían menos intensos y sus rayos X no serían tan efectivos. Vería borroso, hablaría menos, y no sería tan rápido. Empezaría a pensar que esta pérdida de habilidades es parte del envejecimiento, normalizando su debilidad.

Lex Luthor no pretende matar a Superman, sino debilitarlo gradualmente, haciéndolo sufrir. La pregunta es: ¿qué debería hacer Superman? ¿Entrenar más? ¿Comer más brócoli? ¿Hacer más ejercicio? La respuesta a todas estas preguntas es no. Lo que Superman debe hacer es buscar una aspiradora (o una Super Escoba!) y eliminar todo el polvo de kryptonita de su casa y su entorno. Y eso es lo que vamos a compartir a continuación.

Es más sencillo eliminar lo que nos hace mal, que implementar nuevas cosas para mejorar nuestra condición actual.

¿Qué debes evitar/erradicar?

Desde el Biohacking se recomienda comenzar por disminuir y finalmente erradicar aquellas cosas que están generando un desequilibrio en nuestras vidas. Es decir, lo que te consuma energía en lugar de dártela. En Ayurveda hay una frase que explica:

"No se destruye lo que no se sustituye".

Ayurveda propone reemplazar malos hábitos por nuevos mejores hábitos. Por ejemplo, cambiar la comida chatarra por algo que sea un poco más saludable.

No sólo es más fácil, sino que es más útil y más eficiente eliminar primero lo que me hace daño, que seguir teniendo malos hábitos que requieren de medicación para devolvernos la salud y la energía.

En cuanto a la alimentación, que es uno de los pilares más importantes para recobrar la salud y la energía, se recomienda no comer lo que te cause malestar inmediato o posterior. Por eso es bueno comenzar a tomar consciencia de lo que ingresa a tu organismo para ir llevando un registro de tu bienestar/malestar. En el workbook tienes un apartado especial para empezar a tomar nota de tus hábitos diarios:

https://www.marianaypablo.com/biohackinglibro-workbook

Dentro de los alimentos que más daño generan en el organismo, encontramos la comida chatarra o ultra procesada. Idealmente, para cuidar tu salud, lo más recomendable es intentar comer lo más fresco y orgánico a lo que puedas acceder el día de hoy.

Todo el mundo sabe que la comida ultra procesada (o chatarra) es mala, pero ¿sabías que existe la **luz chatarra**?

LUZ CHATARRA

El ser humano, en su esencia primitiva, está diseñado para disfrutar de la luz del sol, la luz de la luna y la luz del fuego. Todas las demás fuentes de iluminación, como las luces LED, aunque sean bonitas y económicas, son bastante perjudiciales. Estas luces artificiales confunden nuestro ritmo circadiano y afectan el funcionamiento de nuestras mitocondrias. Por ejemplo, pasar dos horas en un supermercado bajo luces artificiales impacta negativamente nuestras mitocondrias y disminuye nuestra energía debido al esfuerzo visual que realizamos. Este daño provocado por la luz artificial se conoce desde hace tiempo. Por ello, te enseñaremos cómo reducir y contrarrestar la luz dañina y perjudicial.

Otro aspecto sumamente importante es la desconexión natural. En la actualidad, estamos extremadamente desconectados de la naturaleza. Desde el biohacking y también las terapias milenarias aprenderás trucos y métodos sencillos para reconectarte con tu entorno natural.

Uno de los hábitos naturales que la mayoría de las personas ha perdido es levantarse al amanecer y acostarse al anochecer. ¿Por qué? Ya que disponemos de luz eléctrica, nos quedamos viendo Netflix, viendo series o películas, revisando el celular, etc. Además, solemos cenar más tarde, lo cual es antinatural.

Esto no significa que debamos modificar toda nuestra vida, volviéndonos ascetas, pero es crucial ser conscientes de que cuanto más temprano nos levantemos y nos expongamos a la luz del amanecer, mejor serán todas nuestras funciones biológicas. Es fundamental entender que somos parte de la biología y, por ende, parte de la naturaleza. La tecnología es algo relativamente nuevo, pero nosotros somos seres biológicos inmersos en un mundo natural.

"Debemos dejar de competir con la naturaleza y empezar a cooperar con ella."

Reconectarnos paulatinamente con los ritmos naturales de la tierra nos ayudará a estabilizar y equilibrar nuestros ritmos biológicos. Al adoptar un **biorritmo** saludable, mejorarás en diversas áreas de tu vida: empezarás a descansar mejor, a dormir más profundamente e incluso necesitarás dormir menos horas para sentirte con más energía. Con el tiempo y la práctica, lograrás digerir mejor los alimentos, mejorar tu concentración y enfoque, ser más productivo y creativo, y tener más ideas (¡de las buenas!). Por eso es fundamental conectar poco a poco con estos ritmos naturales. Sin embargo, no debes descartar la tecnología; simplemente necesitas aprender a equilibrar su uso con la conexión natural.

LA "MALA YUNTA": RELACIONES TÓXICAS

Otro aspecto esencial que te consume energía y vitalidad es la conexión con "personas tóxicas"". *"Dime con quién estás y te diré quién eres"* es una frase muy poderosa y verdadera. Si nos rodeamos de personas que viven quejándose, inevitablemente nos convertiremos en la quinta o sexta persona quejosa. Esto se debe a que la energía atrae energía similar; no atraemos lo contrario, sino aquello que resuena con nuestro entorno habitual. "Lo semejante atrae lo semejante". Por lo tanto, es crucial entender que una relación tóxica será perjudicial en todos los sentidos, ya que consumirá nuestra energía.

Hoy en día, podemos afirmar que existen personas "vitamina" y personas "veneno". Las personas vitamina son aquellas que te llenan de alegría, te hacen liberar endorfinas, reír con facilidad y disfrutar de su compañía. Todos tenemos algún amigo, familiar o conocido que es así: una persona que nos energiza positivamente. Lamentablemente, también conocemos personas venenosas, aquellas que se ahogan en problemas, quejas, críticas y juicios constantes. Este tipo de personas se alimentan de nuestra energía positiva y vitalidad, drenándonos en el proceso.

Es muy importante reconocer estas dinámicas y aprender a gestionar nuestras relaciones para mantenernos rodeados de personas que nos nutran y alejar de aquellas que nos afectan negativamente. La calidad de nuestras relaciones tiene un impacto directo en nuestro bienestar y en la salud de nuestras mitocondrias, las cuales consumen nuestra energía vital para funcionar correctamente.

Desde una perspectiva más profunda y espiritual, recordá que siempre tienes la opción de elegir cómo sentirte, con quién rodearte y cómo actuar para no dejarte condicionar por el entorno.

AGUA Y AIRE SUCIO

La contaminación del agua y del ambiente es otro tema crucial que afecta directamente nuestro bienestar y salud. En la antigüedad, nuestros ancestros no se enfrentaban a la misma escala de problemas ambientales que nosotros hoy en día. Vivían en entornos más limpios y naturales, donde el aire y el agua no estaban contaminados por productos químicos industriales, residuos plásticos y emisiones tóxicas.

Hoy, el agua potable, algo que debería ser un derecho básico, está cada vez más contaminada con productos químicos, metales pesados y microplásticos. Estas sustancias nocivas ingresan en nuestro cuerpo, afectando nuestra salud de múltiples maneras, desde problemas gastrointestinales hasta trastornos hormonales y enfermedades crónicas. En la antigüedad, las fuentes de agua eran más puras y menos afectadas por la actividad humana, lo que permitía a las personas disfrutar de una hidratación saludable y natural.

El aire que respiramos también ha cambiado drásticamente. La industrialización y el uso de combustibles fósiles han incrementado la presencia de contaminantes en el aire, como dióxido de carbono, óxidos de nitrógeno y partículas finas. Estos contaminantes no solo afectan nuestra salud respiratoria, sino que también tienen impactos negativos en nuestro sistema cardiovascular y en nuestro bienestar general. En contraste, nuestros antepasados respiraban un aire más limpio, lo que contribuía a una mayor vitalidad y salud.

¿Sabías esto?

Los microplásticos son partículas muy pequeñas de plástico, generalmente de menos de 5 mm, que son una preocupación creciente por su presencia en el medio ambiente y ahora en el cuerpo humano. Estudios recientes han revelado que, en promedio, una persona puede ingerir aproximadamente 5 gramos de microplásticos al año, lo que equivale al **tamaño de una tarjeta de crédito** (aunque el único crédito que nos da es enfermedades y desequilibrios…)

Estos microplásticos ingresan al organismo a través del agua, los alimentos y hasta del aire que respiramos. Se encuentran en productos como el pescado, la sal, el agua embotellada y alimentos procesados.

El conocimiento sobre bienestar y salud ha ido evolucionado significativamente. Hemos aprendido sobre la importancia de una dieta equilibrada, la necesidad de ejercicio regular y los beneficios de la meditación y el manejo del estrés. Sin embargo, también hemos descubierto los efectos negativos de la contaminación, el sedentarismo y la exposición constante a toxinas ambientales. La ciencia moderna nos ha proporcionado herramientas para mitigar estos efectos y promover una vida más saludable, pero también nos ha mostrado lo lejos que hemos llegado de las prácticas naturales que mantenían a nuestros antepasados saludables.

SEDENTARISMO: NO MUERAS SENTADO

No estamos hechos para vivir sentados ni para pasar la mayor parte del día acostados. Aunque dormir es vital para nuestra salud, el sedentarismo y estar todo el día sentado tienen efectos nocivos significativos en nuestro bienestar general.

Numerosos estudios han demostrado que el sedentarismo prolongado está vinculado a una serie de problemas de salud. Un estudio particularmente impactante revela que una persona que va al gimnasio tres a cinco veces por semana y se entrena adecuadamente, pero pasa de seis a ocho horas diarias sentada, tiene un mayor riesgo de muerte súbita en comparación con alguien que no realiza actividad física formal pero pasa más tiempo de pie y en movimiento.

El acto de estar sentado durante largos períodos afecta negativamente nuestro metabolismo. La inactividad reduce la capacidad del cuerpo para regular los niveles de azúcar en sangre y metabolizar grasas, aumentando el riesgo de desarrollar enfermedades metabólicas como la diabetes tipo 2 y la obesidad. Además, el sedentarismo está asociado con un mayor riesgo de enfermedades cardiovasculares. Estar sentado por mucho tiempo conlleva a la reducción de la función vascular y el aumento de la presión arterial entre otras patologías.

El sedentarismo también impacta en nuestra salud musculoesquelética. Estar sentado por períodos prolongados puede provocar dolores de espalda, cuello y hombros, y contribuir al desarrollo de trastornos musculoesqueléticos como la ciática, el síndrome del túnel carpiano, síndrome piramidal y un largo etcétera. La falta de movimiento también debilita los músculos y reduce la flexibilidad, aumentando el riesgo de lesiones.

El impacto en la salud mental tampoco debe subestimarse. Estudios han demostrado que el sedentarismo prolongado está asociado con un mayor riesgo de depresión y ansiedad. La falta de actividad física reduce la producción de endorfinas, conocidas como las hormonas de la felicidad, lo que puede llevar a un estado de ánimo bajo y una sensación general de malestar.

Para contrarrestar estos efectos negativos, es crucial incorporar más movimiento en nuestra vida diaria. Pequeños cambios pueden hacer una gran diferencia: levantarse y estirarse cada 30 minutos, optar por caminar mientras se habla por teléfono, usar escaleras en lugar de ascensores, y realizar pausas activas durante la jornada laboral. Incluso actividades ligeras como caminar o realizar tareas domésticas pueden contribuir a reducir los riesgos asociados con el sedentarismo.

Una sencilla pero muy efectiva recomendación es utilizar la **Técnica Pomodoro**: la técnica Pomodoro es un método de gestión del tiempo que divide el trabajo en bloques de 25 minutos, llamados "pomodoros", seguidos de una breve pausa de 5 minutos. Estas pausas de 5 minutos son activas, debemos pararnos, movilizarnos, hacer una leve caminata o algún tipo de actividad física que haga un reset en el cuerpo y la mente. Después de completar cuatro pomodoros, se toma un descanso más largo de 15-30 minutos. Otros beneficios de aplicar la técnica Pomodoro es que ayuda a mejorar la concentración, evitar la procrastinación y mantener la productividad sin agotar la mente. Un detalle poco conocido de la técnica Pomodoro es que no solo se trata de controlar los intervalos de trabajo y descanso, sino que también incluye una etapa clave de preparación previa. Antes de iniciar una tarea, es fundamental dedicar tiempo a organizarse, establecer prioridades y visualizar claramente los pasos a seguir. Esta preparación mental y logística asegura que, al comenzar, puedas enfocarte de manera más eficiente y maximizar tu productividad durante cada intervalo de trabajo. Te recomendamos que investigues un poco más sobre esta técnica sencilla pero revolucionaria.

ACEITES HIDROGENADOS

¿Por qué se deben evitar los aceites vegetales hidrogenados?

Los aceites vegetales hidrogenados, también conocidos como grasas trans, se producen mediante un proceso industrial que agrega hidrógeno al aceite vegetal para solidificarlo. Este proceso crea grasas que son estables y tienen una vida útil prolongada, lo que los hace atractivos para la industria alimentaria. Sin embargo, el consumo de estos aceites puede tener efectos nocivos en la salud. Simplemente presta atención a lo siguiente:

Efectos del consumo de aceites vegetales hidrogenados en el organismo:

- **Aumento de los triglicéridos:**
    - Las grasas trans elevan los niveles de triglicéridos, lo que genera inflamación e incrementa el riesgo de enfermedades cardiovasculares.

- **Reducción del colesterol HDL:**
    - Estas grasas también disminuyen los niveles de colesterol HDL, que es el que ayuda a proteger el corazón. Su función principal es transportar el exceso de colesterol de las arterias y otros tejidos de vuelta al hígado, donde se procesa y elimina del cuerpo. Esto ayuda a prevenir la acumulación de colesterol en las paredes de las arterias, reduciendo el riesgo de enfermedades cardiovasculares.

- **Inflamación:**
    - Las grasas trans promueven la inflamación en el cuerpo, lo cual está asociado con numerosas enfermedades crónicas, incluyendo enfermedades cardíacas, diabetes tipo 2 y artritis (más adelante profundizaremos sobre la inflamación crónica)

- **Resistencia a la insulina:**
    - El consumo de grasas trans puede contribuir a la resistencia a la insulina, una condición que puede llevar a la diabetes tipo 2.

- **Aumento de peso y obesidad:**
    - Las grasas trans están relacionadas con un mayor riesgo de aumento de peso y obesidad debido a su efecto en el metabolismo y la acumulación de grasa corporal.

- **Riesgo de enfermedades cardiovasculares:**
    - El consumo regular de grasas trans está directamente asociado con un mayor riesgo de infartos, accidentes cerebrovasculares y otros problemas cardíacos.

- **Impacto negativo en la salud del cerebro:**
    - Las grasas trans pueden afectar negativamente la salud del cerebro, aumentando el riesgo de deterioro cognitivo y enfermedades neurodegenerativas como el Alzheimer.

Razones para evitar los aceites vegetales hidrogenados (si aún no te has convencido con la lista anterior):

- **Mejora de la salud del corazón:**
    - Evitar las grasas trans puede ayudar a mantener niveles saludables de colesterol y reducir el riesgo de enfermedades cardíacas.

- **Reducción de la inflamación:**
    - Eliminar las grasas trans de la dieta puede disminuir la inflamación crónica, mejorando la salud general y reduciendo el riesgo de enfermedades crónicas.

- **Mejora de la sensibilidad a la insulina:**
    - Una dieta libre de grasas trans puede mejorar la sensibilidad a la insulina y ayudar a prevenir la diabetes tipo 2.

- **Control del peso:**
    - Evitar estas grasas puede contribuir al control del peso y a la prevención de la obesidad.

- **Salud cerebral:**
    - Reducir el consumo de grasas trans puede proteger la salud del cerebro y disminuir el riesgo de deterioro cognitivo.

Cómo ves, es de vital importancia reducir y eliminar el consumo de este tipo de aceites vegetales. Prácticamente no brindan ningún beneficio y hoy en día se los ha llegado a considerar pero aún que el azúcar.

MOHO / HUMEDAD

El moho es un tipo de hongo que crece en lugares húmedos y oscuros. La exposición prolongada al moho puede tener efectos adversos significativos en tu salud. Es primordial comprender estos efectos y tomar medidas para evitar la exposición al moho.

Efectos del moho en el organismo

- **Problemas respiratorios:**
  - La inhalación de esporas de moho irrita las vías respiratorias y causa síntomas como tos, estornudos, congestión nasal, y dificultades para respirar.
  - Puede agravar condiciones preexistentes como el asma y la bronquitis crónica.

- **Reacciones alérgicas:**
  - La exposición al moho desencadena reacciones alérgicas en personas sensibles, manifestándose en síntomas como picazón, ojos llorosos, erupciones cutáneas y congestión nasal.

- **Infecciones:**
  - En personas con sistemas inmunitarios debilitados, la exposición al moho puede llevar a infecciones graves, especialmente en los pulmones.

- **Toxicidad por micotoxinas:**
  - Algunas especies de moho producen **micotoxinas**, compuestos tóxicos que pueden causar una amplia gama de problemas de salud, incluyendo inmunosupresión, daño hepático y efectos neurotóxicos.

- **Problemas neurológicos:**
  - La exposición a ciertas micotoxinas puede afectar el sistema nervioso, llevando a síntomas como dolores de cabeza, problemas de memoria, dificultades de concentración y cambios de humor.

- **Fatiga crónica:**
  - La exposición prolongada al moho puede contribuir a la fatiga crónica, ya que el cuerpo constantemente lucha contra los efectos negativos del moho.

Medidas para evitar el moho:

- **Controlar la humedad:**
  - Mantener niveles de humedad bajos (por debajo del 50%) en el hogar usando deshumidificadores y aire acondicionado.

- **Ventilación adecuada:**
  - Asegurar una buena ventilación en áreas propensas a la humedad, como baños, cocinas y sótanos.

- **Limpieza regular:**
  - Limpiar regularmente las superficies propensas al moho. (En algunos casos dónde la producción de moho recién comienza, la utilización de vinagre de alcohol puede ser efectiva)

- **Reparación de filtraciones:**
  - Reparar inmediatamente cualquier filtración de agua en techos, paredes o tuberías para prevenir el crecimiento de moho.

- **Uso de materiales resistentes al moho:**
  - Optar por materiales de construcción y pintura resistentes al moho en áreas propensas a la humedad.

- **Monitoreo y detección temprana:**
  - Usar sensores de humedad y kits de prueba de moho para detectar y abordar el crecimiento de moho en etapas tempranas.

TECNOLOGÍA

El uso excesivo de la tecnología es un tema crítico en el ámbito del biohacking debido a sus múltiples efectos adversos en la salud y el bienestar. Aunque la tecnología nos ha traído innumerables beneficios y ha transformado nuestras vidas de maneras positivas, su sobreuso y la dependencia de dispositivos electrónicos nos ha traído consecuencias nefastas.

Primero, el tiempo prolongado frente a las pantallas de computadoras, teléfonos y tablets puede llevar a problemas de visión. Esto trae síntomas como fatiga ocular, visión borrosa y dolores de cabeza. La luz azul emitida por las pantallas también interfiere con la producción de melatonina, la hormona responsable de regular el sueño (entre otras cosas), lo que puede llevar a problemas de insomnio y trastornos del sueño. La falta de sueño reparador, a su vez, afecta negativamente el sistema inmunológico, el rendimiento cognitivo y el bienestar general.

Además, la postura que adoptamos al usar dispositivos electrónicos como los celulares es sumamente perjudicial. Pasar horas inclinado sobre un teléfono o sentado frente a una computadora puede causar problemas musculoesqueléticos, como dolores de cuello y espalda, y contribuir a la aparición de afecciones físicas debilitantes y en algunos casos incapacitantes.

El sedentarismo asociado al uso excesivo de tecnología también es un factor de riesgo para enfermedades cardiovasculares, obesidad y diabetes tipo 2. **El cuerpo humano está diseñado para moverse**, y la falta de actividad física regular puede llevar a una serie de problemas de salud.

El impacto de la tecnología en la salud mental es igualmente significativo. El uso constante de redes sociales y otras plataformas digitales puede aumentar los niveles de estrés, ansiedad y depresión. La comparación constante con los demás, la presión de estar siempre disponible y la sobrecarga de información pueden generar una sensación de agobio y afectar negativamente la salud mental. Además, la tecnología puede interferir con las relaciones personales y sociales. Pasar más tiempo interactuando con dispositivos que con personas en la vida real predispone al aislamiento social y a una disminución en la calidad de las relaciones interpersonales.

Es imperante encontrar un equilibrio saludable en el uso de la tecnología. Implementar prácticas como la **desconexión digital**, donde se establece un tiempo específico para alejarse de los dispositivos, suele resultar muy beneficioso. Crear rutinas de sueño saludables evitando el uso de pantallas al menos una o dos hora antes de acostarse, utilizar filtros de luz azul y practicar la higiene del sueño pueden mejorar significativamente la calidad del descanso (lo explicaremos más en detalle en el capítulo dedicado al sueño reparador). Incorporar pausas regulares durante el día para estirarse, caminar y realizar ejercicios físicos ayuda a contrarrestar los efectos del sedentarismo y mejora la postura.

Asimismo, es importante cultivar hábitos que promuevan la salud mental y emocional. Limitar el tiempo en redes sociales, practicar la atención plena (mindfulness) y dedicar tiempo a actividades offline que brinden placer y relajación, como leer un libro, pasar tiempo en la naturaleza o practicar un hobby, son estrategias muy efectivas.

RECAPITULACIÓN

Cosas que todos deberíamos reducir o (aún mejor) evitar:

- **Comida ultraprocesada:**
    - Alimentos altos en azúcares refinados.
    - Comidas rápidas y precocinadas.
    - Productos con conservantes, colorantes y aditivos artificiales.
    - Grasas trans y aceites hidrogenados.

- **Luz chatarra:**
  - Exposición prolongada a luces LED y fluorescentes.
  - Uso excesivo de dispositivos electrónicos antes de dormir.
  - Falta de exposición a la luz natural del sol.

- **Sedentarismo:**
  - Permanecer sentado por períodos prolongados sin pausas.
  - Falta de actividad física regular.
  - Estilo de vida inactivo y falta de movimiento diario.

- **Sueño inadecuado:**
  - Horarios de sueño irregulares.
  - Falta de un ambiente adecuado para dormir (ruido, luz, temperatura).
  - Uso de dispositivos electrónicos en la cama.

- **Estrés crónico:**
  - Falta de técnicas de manejo del estrés (meditación, respiración, ejercicio).
  - Sobrecarga de trabajo sin tiempo de descanso adecuado.
  - Relaciones personales tóxicas y ambientes negativos.

- **Exposición a toxinas:**
  - Uso de productos de limpieza y cuidado personal con químicos nocivos.
  - Consumo de agua no filtrada o contaminada.
  - Exposición a pesticidas y productos químicos en alimentos.
  - Ambientes con humedad y moho

- **Mala postura:**
  - Posiciones incorrectas al sentarse, caminar y dormir.
  - Uso de sillas y muebles no ergonómicos.
  - Falta de conciencia corporal y ejercicios de corrección postural.

- **Falta de conexión con la naturaleza:**
    - Pasar la mayor parte del tiempo en interiores.
    - Falta de actividades al aire libre.
    - Escasa exposición a la luz natural y aire fresco.

- **Sobreexposición a tecnología:**
    - Uso excesivo de dispositivos electrónicos y pantallas.
    - Falta de desconexión digital y tiempo de descanso tecnológico.
    - Estímulo constante y falta de momentos de calma y silencio.

- **Hidratación inadecuada:**
    - Consumo insuficiente de agua.
    - Dependencia de bebidas azucaradas y cafeinadas.
    - Falta de conciencia sobre la calidad del agua consumida.

Evitar estos factores ayuda a contribuir significativamente a mejorar tu salud y bienestar general, promoviendo un estilo de vida más equilibrado y alineado con los principios del biohacking y las terapias milenarias.

INFLAMACIÓN DE BAJO GRADO - INFLAMACIÓN SILENCIOSA

Antes de darte las herramientas para que comiences a enderezar tu vida y lograr mayor salud/energía, queremos compartirte un último concepto que se ha comenzado a prestar más atención en los últimos años y que es la génesis básicamente de todos nuestros desequilibrios.

La inflamación de bajo grado, también conocida como inflamación crónica, ha sido el foco de numerosos estudios recientes debido a su impacto silencioso pero profundo en la salud. A diferencia de la inflamación aguda, que es una respuesta temporal del cuerpo ante infecciones o lesiones, la inflamación crónica persiste de manera sutil y puede durar años sin mostrar síntomas evidentes (desde la medicina Ayurveda, se dice que existen 6 estadíos de la enfermedad, los primeros 4 desatendidos por la medicina convencional).

Los últimos estudios han vinculado esta inflamación de bajo grado con diversas enfermedades crónicas como la diabetes tipo 2, enfermedades cardiovasculares, Alzheimer y ciertos tipos de cáncer. Se ha estudiado que los factores desencadenantes incluyen una mala alimentación rica en alimentos procesados, el estrés constante, la falta de ejercicio y la exposición a toxinas ambientales. Estas condiciones promueven la liberación continua de **citoquinas proinflamatorias** y otros mediadores que, con el tiempo, dañan los tejidos y los órganos.

Por ejemplo, se ha encontrado que la inflamación crónica contribuye a la resistencia a la insulina, lo que incrementa el riesgo de diabetes y problemas metabólicos. En el caso del sistema cardiovascular, la inflamación afecta las arterias, provocando aterosclerosis y aumentando las posibilidades de ataques cardíacos y derrames cerebrales.

A nivel neurológico, se ha visto que la inflamación de bajo grado afecta negativamente el cerebro, contribuyendo a trastornos cognitivos como el Alzheimer. En el sistema inmunológico, esta inflamación compromete la capacidad del cuerpo para defenderse adecuadamente, haciendo que las personas sean más susceptibles a infecciones.

Combatir la inflamación de bajo grado a través de un enfoque integral que incluya una dieta antiinflamatoria (comida real sin procesar, verduras, grasas saludables y especias como la cúrcuma, jengibre, etc), la reducción del estrés, la actividad física regular y el manejo adecuado del sueño son una de las principales estrategias para prevenir las enfermedades crónicas modernas y mejorar la salud a largo plazo.

PARTE 2

Hasta ahora, hemos explorado la teoría que fundamenta el biohacking y las terapias milenarias y lo que deberíamos evitar. Ahora, es el momento de llevar este conocimiento a la práctica y comenzar a experimentar de manera activa.

En esta segunda parte del libro, nos centraremos en la **aplicación práctica** de lo que hemos explicado hasta ahora. Es momento de poner **manos a la obra** y empezar a incorporar estas técnicas y principios en tu vida diaria.

Antes de seguir adelante, queremos darte una recomendación importante: no sientas que debes hacer todo a la vez. La clave del éxito es **la gradualidad y la consistencia.** Una máxima ayurvédica declara que la implementación de cualquier plan de equilibrio debe ser: *"progresivo, tolerante y amoroso"*

Recuerda este sabio consejo: **"Lo perfecto es enemigo de lo bueno."**

En lugar de intentar abarcar todo al mismo tiempo, comienza poco a poco. Introduce una nueva práctica, observa sus efectos y ajusta según sea necesario. Mejora en un área, luego avanza a otra. La sobrecarga de información y la prisa por implementar todo de una vez pueden ser contraproducentes. En el workbook o en un diario personal te recomendamos que comiences a "documentar" tus avances y lo que has comenzado a aplicar. También puedes publicar tus logros en las redes sociales con el hashtag **#TRANSFORMACIONTOTAL** y te responderemos!

Es esencial encontrar un ritmo sostenible que te permita integrar estos cambios de manera efectiva. De esta manera, evitarás la sensación de abrumarte y podrás disfrutar del proceso de mejora continua.

La clave del éxito es **la gradualidad y la consistencia.**

Con esta mentalidad, te invitamos a adentrarte en la parte práctica de este viaje. Aquí encontrarás estrategias, ejercicios y recomendaciones concretas para aplicar los principios del biohacking y las terapias milenarias en tu día a día. ¡Empecemos!

Hidratacion

Una buena hidratación es de vital importancia para una vida saludable porque nos ayuda a tener no sólo un buen rendimiento físico, sino también cognitivo. El agua es primordial para que todas nuestras funciones biológicas se realicen de forma efectiva. Recordá que tenemos un mayor porcentaje de agua en nuestro cuerpo, por lo que una buena hidratación nos ayudará a mantenernos en perfecto estado de salud y equilibrio. Además, permite la correcta eliminación de toxinas.

La hidratación adecuada favorece la salud celular. Las mitocondrias forman parte de las células y ayudan a mantenernos en óptima energía. También promueve la regulación de la temperatura corporal, una buena digestión, el transporte de nutrientes y otras funciones vitales.

Una frase de Ayurveda lo ejemplifica de esta manera: *"más importante que lo que entra es lo que sale"*. Siguiendo este concepto, no solamente es importante lo que te llevas a la boca (lo que ingieres), sino lo que tu biología logra absorber y lo que permite eliminar.

Cada vez que consumes algún alimento, tu cuerpo divide ese alimento en nutrientes y desperdicios. En casos donde te alimentas de comida chatarra (o ultraprocesada), es más lo que desperdicias y eliminas que lo que puedes absorber para nutrirte.

Una buena hidratación permite que haya una eliminación efectiva de toxinas y que no se acumulen en tu organismo generando desequilibrios.

FILTRAR EL AGUA

Es fundamental utilizar un filtro de agua.

El agua de grifo sin filtrar puede contener una variedad de toxinas y contaminantes que pueden variar dependiendo de la región y la fuente del agua. Aquí hay una lista de algunas de las toxinas más comunes que se pueden encontrar en el agua de grifo sin filtrar (aquí te damos nuestro permiso para asustarte…):

Metales Pesados

1. **Plomo**: Proviene de tuberías antiguas y puede causar problemas de salud, especialmente en niños.
2. **Mercurio**: Se encuentra en pequeñas cantidades y puede afectar el sistema nervioso.
3. **Arsénico**: Un contaminante natural que puede ser carcinogénico.
4. **Cadmio**: Asociado con residuos industriales y puede causar daño a los riñones.

Productos Químicos Industriales

1. **PCBs (bifenilos policlorados)**: Químicos industriales que pueden ser cancerígenos.
2. **PFOA y PFOS (ácidos perfluorooctanoico y sulfonato de perfluorooctano)**: Utilizados en la fabricación de teflón y productos resistentes al agua, están asociados con diversos problemas de salud.

Pesticidas y Herbicidas

1. **Atrazina**: Un herbicida ampliamente utilizado que puede afectar el sistema endocrino.
2. **Glifosato**: Otro herbicida comúnmente utilizado, que se ha asociado con problemas de salud a largo plazo.

Subproductos de la Desinfección

1. **Trihalometanos (THMs)**: Formados cuando el cloro reacciona con la materia orgánica en el agua, pueden ser cancerígenos.
2. **Ácidos haloacéticos (HAAs)**: Otro subproducto de la cloración, también asociado con riesgos de cáncer.

Contaminantes Biológicos

1. **Bacterias**: Como E. coli y Salmonella, que pueden causar enfermedades gastrointestinales.
2. **Virus**: Como el norovirus y la hepatitis A, que pueden causar infecciones.
3. **Parásitos**: Como Giardia y Cryptosporidium, que pueden causar enfermedades intestinales.

Productos Farmacéuticos y de Cuidado Personal

1. **Antibióticos**: Contribuyen a la resistencia bacteriana.
2. **Hormonas**: Afectan el sistema endocrino.
3. **Productos de cuidado personal**: Como el triclosán, que pueden tener efectos adversos en la salud.

Residuos Radiactivos

1. **Radón**: Un gas radiactivo que puede estar presente en el agua subterránea.
2. **Radionúclidos**: Como el uranio y el radio, que pueden aumentar el riesgo de cáncer.

Otros Contaminantes

1. **Fluoruro**: Aunque se usa en odontología, en niveles altos puede ser tóxico.
2. **Nitratos y Nitritos**: Provenientes de fertilizantes agrícolas, pueden ser peligrosos especialmente para los bebés.

La calidad del agua de grifo varía considerablemente dependiendo de la fuente de agua y los sistemas de tratamiento utilizados por los proveedores de agua locales. Filtrar el agua de grifo ayuda significativamente a la exposición a muchos de estos contaminantes.

ENVASES DE PLÁSTICO

Si compras agua o bebidas envasadas en botellas de plástico, y éstas son expuestas al sol se liberan ciertas partículas que nos hacen daño.

Las botellas de plástico, especialmente las que se utilizan para envasar agua y otras bebidas, pueden contener y liberar varias toxinas y contaminantes. Aquí hay una lista de algunos de los principales riesgos asociados con el uso de botellas de plástico:

Componentes Químicos del Plástico

1. **Bisfenol A (BPA)**: Un químico utilizado en la producción de plásticos policarbonatos y resinas epoxi, puede afectar el sistema endocrino, imitando el estrógeno.
2. **Bisfenol S (BPS) y Bisfenol F (BPF)**: Sustitutos del BPA que también pueden tener efectos disruptores endocrinos.
3. **Ftalatos**: Utilizados para hacer que el plástico sea más flexible, que están asociados con problemas reproductivos y de desarrollo.

Productos Químicos Tóxicos

1. **Antimonio**: Un catalizador utilizado en la producción de PET (tereftalato de polietileno), el plástico más común para botellas de agua. Puede causar problemas de salud si se ingiere en grandes cantidades.
2. **Acetaldehído**: Otro subproducto del PET, que puede afectar el sabor y la calidad del agua.

Contaminantes Ambientales

1. **Microplásticos**: Pequeñas partículas de plástico que pueden desprenderse de las botellas y contaminar el agua. Pueden tener efectos nocivos en la salud humana al ingresar al cuerpo.
2. **Sustancias Perfluoroalquiladas (PFAS)**: A veces presentes en el plástico o en el proceso de fabricación, estas sustancias pueden ser cancerígenas y afectar el sistema inmunológico.

Contaminación por Bacterias

1. **Crecimiento Bacteriano**: Las botellas de plástico reutilizadas pueden albergar bacterias si no se limpian adecuadamente, aumentando el riesgo de infecciones gastrointestinales.

Productos de Descomposición Térmica

1. **Subproductos de Calor**: Exponer botellas de plástico a altas temperaturas (por ejemplo, al dejarlas en el coche bajo el sol) puede acelerar la descomposición de los plásticos y aumentar la presencia de químicos tóxicos.

Otros Contaminantes

1. **Toxinas de Moho y Algas**: En condiciones de almacenamiento inadecuadas, como en lugares cálidos y húmedos, las botellas de plástico pueden desarrollar moho y algas, que pueden liberar toxinas en el agua.

Metales Pesados

1. **Trazas de Metales**: En algunos casos, los procesos de fabricación del plástico pueden introducir trazas de metales pesados como el cadmio o el plomo en las botellas, que pueden pasar al agua.

Residuos Industriales

1. **Compuestos Orgánicos Volátiles (COVs)**: Utilizados en la fabricación de plásticos, pueden permanecer en las botellas, afectando la salud a largo plazo.

Impacto Medioambiental

1. **Contaminación Ambiental**: Las botellas de plástico contribuyen significativamente a la contaminación plástica global, afectando la vida silvestre y los ecosistemas. Microplásticos de botellas desechadas pueden ingresar a las cadenas alimentarias humanas a través de los alimentos y el agua.

Cómo prevenir?

- **Filtración y Almacenamiento**: Utilizar filtros de agua y almacenar el agua en recipientes de vidrio o acero inoxidable puede reducir significativamente la exposición a estas toxinas.
- **Reutilización Segura**: Si se reutilizan botellas de plástico, es importante limpiarlas adecuadamente y evitar su exposición a altas temperaturas (utilizar este método cómo última opción).

Es importante que comiences a tomar consciencia y tengas la posibilidad de buscar alternativas más seguras y sostenibles para el almacenamiento y consumo de agua, como botellas reutilizables de acero inoxidable o vidrio.

AGUA SOLARIZADA

Pretendemos alcanzar una salud perfecta o la mejor salud que podamos alcanzar.

El agua solarizada es una práctica sencilla y accesible que combina principios de purificación natural y carga energética. Es una antigua práctica que se basa en exponer el agua a la luz solar para purificarla y mejorar su calidad energética. Este método ha sido utilizado en varias culturas y tradiciones a lo largo de la historia, especialmente en sistemas de medicina tradicional como el Ayurveda y Ho'oponopono. La luz solar, al interactuar con el agua, permite eliminar impurezas y cargar el agua con una energía positiva que beneficia la salud y el bienestar.

Proceso de Preparación

1. **Elección del Contenedor**: Debes utilizar un recipiente de vidrio de color (azul es el más común, aunque también puedes usar otros colores como el verde o el ámbar), ya que los colores proporcionan diferentes propiedades energéticas. No utilizar botella de plástico.
2. **Agregar Agua**: El recipiente se llena con agua potable, preferentemente filtrada para eliminar contaminantes físicos y químicos.
3. **Exposición al Sol**: Luego, debes colocar el recipiente o botella bajo la luz solar directa durante varias horas (idealmente entre 1 y 4 horas). El tiempo de exposición puede variar dependiendo de la intensidad del sol y las condiciones climáticas.
4. **Almacenamiento**: Después de la exposición, el agua solarizada se puede almacenar en el mismo recipiente o transferir a otro contenedor limpio para su consumo (nuevamente, evitar plásticos en lo posible).

Beneficios de Beber Agua Solarizada

1. **Purificación Natural**: La exposición a la luz solar ayuda a eliminar algunas bacterias y microorganismos del agua, proporcionando un efecto de purificación natural.
2. **Energización del Agua**: La luz solar imparte una carga energética positiva al agua, que mejora su vitalidad y beneficia la salud física y emocional.
3. **Mejora del Estado de Ánimo**: Beber agua solarizada influye positivamente en el estado de ánimo y el bienestar emocional, gracias a las propiedades energéticas y revitalizantes del agua cargada con la energía pura del sol.
4. **Equilibrio de Chakras**: En la práctica del Ayurveda y otras tradiciones espirituales como el Ho'oponopono, el agua solarizada

con diferentes colores puede ayudar a equilibrar los chakras y mejorar la salud energética.

- o **Azul**: Asociado con la calma, la comunicación y la claridad mental.
- o **Verde**: Relacionado con el equilibrio, la curación y la renovación.
- o **Ámbar**: Considerado bueno para la protección y la mejora de la energía creativa.

5. **Facilitación de la Meditación**: Consumir agua solarizada antes de la meditación permite profundizar la experiencia meditativa y mejorar la concentración y la claridad mental.
6. **Hidratación Mejorada**: Al estar cargada energéticamente, se absorbe mejor y proporciona una hidratación más efectiva.

Consideraciones Especiales:

- **Calidad del Agua**: Es crucial asegurarse de que el agua utilizada sea segura para beber, preferiblemente filtrada.
- **Uso de Vidrio**: Es importante usar recipientes de vidrio, ya que el plástico puede liberar toxinas al exponerse al sol.
- **Exposición Segura**: Asegurarse de que el recipiente esté bien sellado y protegido de la contaminación externa durante la exposición al sol.

Formas de Uso & Consumo:

El agua solarizada puede usarse para beber, para cocinar y también para uso personal (lavarte la cara, las manos).

https://www.marianaypablo.com/agua-azul-solar

AGUA CALIENTE

No es lo mismo beber agua helada que agua natural o agua caliente. Según Ayurveda, en la zona de nuestro estómago habita el **Agni**, nuestro fuego transformador y digestivo. Agni es nuestra fuerza transformadora, el fuego digestivo que controla nuestro metabolismo y que permite absorber los nutrientes necesarios para preservar la salud. El proceso metabólico es un proceso de "cocinado" de los alimentos y es un proceso caliente. Por lo tanto, todas las bebidas o comidas frías que ingerimos apagan y ralentizan este proceso de digestión, contribuyendo a problemas metabólicos y digestivos.

El agua caliente es sumamente digestiva, antiinflamatoria, acelera el metabolismo y ayuda en muchos casos a disminuir el dolor. Recuerda que el proceso digestivo es un proceso caliente, el frío que ingresa interrumpe la digestión. Es diferente comer con agua caliente que comer con agua fría.

https://www.marianaypablo.com/beneficios-del-agua-caliente

AGUA DE COBRE / AGUA COBRIZA

Otra técnica proveniente de la Medicina Ayurveda es el agua de cobre. En Ayurveda se utilizan minerales y metales para cambiar los beneficios del agua que ingerimos. El cobre tiene muchas propiedades (autos, barcos, casas de campo, chiste malo de Pablo... disculpen, no me pude contener).

El agua cobriza es el agua que ha estado en contacto con cobre, generalmente almacenada en recipientes de cobre durante varias horas. Esta práctica, con raíces en la medicina ayurvédica y otras tradiciones antiguas, aporta muchos beneficios para la salud. Uno de los principales beneficios es su capacidad de purificar el agua, ya que el cobre tiene propiedades antimicrobianas que pueden eliminar bacterias, hongos y microorganismos dañinos. Beber agua cobriza ayuda a mejorar la digestión, ya que estimula las enzimas digestivas que descomponen los alimentos y mejoran la absorción de nutrientes. Además, actúa como un antiinflamatorio natural, ayudando a reducir la inflamación en el cuerpo y promoviendo la salud de las articulaciones y los tejidos.

También permite equilibrar los tres doshas en el Ayurveda: **Vata, Pitta y Kapha** (puedes aprender más sobre Ayurveda en nuestro libro

"Transformación Total" o ingresando a nuestro programa de Ayurveda online siguiendo el link a continuación:

https://www.marianaypablo.com/programa-ayurveda

El cobre ayuda a mantener el equilibrio entre los doshas, promoviendo un estado general de bienestar y armonía en el cuerpo. Ayuda a mejorar la salud de la piel, ya que el cobre es esencial para la producción de melanina, que protege la piel del daño solar y mejora la cicatrización de heridas. Contribuye a la salud del sistema cardiovascular, ayudando a regular la presión arterial y reducir el riesgo de enfermedades cardíacas.

Proporciona una fuente rica en antioxidantes, que combaten los radicales libres y reducen el estrés oxidativo, que ayuda a retrasar el envejecimiento y prevenir enfermedades crónicas. Además, el cobre es esencial para la producción de hemoglobina y la formación de nuevas células, lo que mejora la salud del sistema inmunológico y aumenta la energía y vitalidad. El cobre tiene propiedades anti artríticas, que ayudan a aliviar los síntomas de la artritis y otras enfermedades inflamatorias. **IMPORTANTE**: Para evitar cualquier tipo de intoxicación por cobre, se sugiere consumir durante 2 meses y luego descansar al menos un mes. Si tienes dudas, puedes consultar con un médico Ayurvédico.

¿Cómo se hace el agua de cobre?

Deberás llenar una taza de cobre con agua filtrada idealmente, taparla y dejarla reposar durante toda la noche. Al día siguiente apenas te levantes, luego de limpiar tu lengua para remover toxinas acumuladas) bebes el vaso de agua. Un solo vaso de agua es suficiente diariamente.

https://www.marianaypablo.com/agua-cobriza

AGUA CON SAL DEL HIMALAYA Y LIMÓN

Consumir agua con limón y sal del Himalaya o sal marina brinda una variedad de beneficios que optimizan tu salud y el rendimiento de tu cuerpo. Esta combinación permite hidratarte de manera más efectiva que el agua sola. El limón proporciona vitamina C y antioxidantes, que ayudan a combatir los radicales libres y mejoran la función del sistema inmunológico. La sal del Himalaya, rica en minerales esenciales como magnesio, calcio y potasio, ayuda a reponer los electrolitos que se pierden durante el ejercicio y otras actividades físicas, promoviendo así un mejor equilibrio hídrico y reducción de la fatiga. También mejora la digestión. El ácido cítrico del limón estimula la producción de ácido gástrico, lo que facilita la digestión de los alimentos y la absorción de nutrientes. Además, la sal del Himalaya activa las enzimas salivales, comenzando el proceso digestivo en la boca y ayudando a descomponer los alimentos más eficazmente.

Esta mezcla actúa como un desintoxicante natural. El limón ayuda a estimular la función hepática, eliminando toxinas del cuerpo. La sal del Himalaya, por su parte, ayuda a eliminar toxinas a través del proceso de ósmosis, equilibrando los niveles de pH y mejorando la capacidad del cuerpo para eliminar desechos.

Los electrolitos adicionales pueden ayudar a mantener la concentración y el enfoque. Además, los antioxidantes del limón protegen el cerebro del daño oxidativo, que es importante para la salud a largo plazo.

El limón aumenta la tasa metabólica que facilita la quema de calorías. La sal del Himalaya, al ser una fuente natural de minerales, mejora la función tiroidea, que es crucial para el metabolismo y la regulación hormonal.

Por último, esta combinación tiene efectos antiinflamatorios. El limón tiene propiedades antiinflamatorias naturales, y los minerales de la sal del Himalaya reducen la inflamación en el cuerpo, mejorando la recuperación y reduciendo el riesgo de enfermedades crónicas.

AGUA DE MAR

El agua de mar, utilizada de manera controlada y segura, ofrece múltiples beneficios para la salud. Rica en minerales como magnesio, sodio, potasio y calcio, ayuda a equilibrar los niveles de electrolitos en el cuerpo, mejorar la hidratación y apoyar el funcionamiento celular. **Tiene aproximadamente 83 elementos biodisponibles de los 118 elementos de la tabla periódica**. También posee propiedades anti inflamatorias y alcalinizantes, que favorecen el equilibrio del pH corporal. Además, algunos estudios indican que el consumo moderado de agua de mar puede reforzar el sistema inmunológico y mejorar la digestión al estimular la producción de enzimas.

El consumo de agua de mar puede hacerse de forma isotónica o hipertónica, dependiendo de la concentración de sales:

Isotónica: El agua de mar isotónica se obtiene diluyendo el agua de mar con agua dulce en una proporción de 1:3 (una parte de agua de mar por tres partes de agua dulce). Esto reduce su concentración de sales, haciéndola similar a los fluidos corporales. Consumida de esta manera, es más suave para el organismo y ayuda a rehidratar, remineralizar y equilibrar los electrolitos sin sobrecargar los riñones. Es ideal para uso diario y para personas con algunas sensibilidades.

Hipertónica: El agua de mar hipertónica es agua de mar pura, sin diluir, lo que significa que tiene una concentración más alta de sales. Este tipo de agua es más potente y se utiliza en cantidades más pequeñas. Se han hecho estudios que determinan que ayuda a energizar el cuerpo, mejorar el rendimiento físico y estimular el sistema inmunológico.

Ambas formas aportan grandes beneficios, pero su uso debe adaptarse a las necesidades individuales y bajo una correcta supervisión.

CAFÉ A PRUEBA DE BALAS / BULLETPROOF COFFEE

Café a prueba de balas fue inventado o, en realidad reimaginado por Dave Asprey, ya que esta receta especial y profundamente efectiva y revitalizante ya existía.

Unos simpáticos personajes místicos del Himalaya ya lo hacían... ¿Cómo se hace? Primero, debes utilizar café lo más orgánico posible, aceite de coco y mantequilla (manteca). Preparas el café y luego lo mezclas en una licuadora con una cucharada de aceite de coco o aceite MCT y la mantequilla o manteca o ghee. Se licúa de 30 segundos a un minuto y se bebe caliente como si fuera un café con leche, latte o capuccino. ¡No te puedes imaginar lo rico y energizante que es!

Proporciona una fuente sostenida de energía y ayuda a prolongar la saciedad, lo que puede ser útil para el control del peso y el ayuno intermitente. Los ácidos grasos del aceite de coco o MCT y la manteca alimentan el cerebro y mejoran la claridad mental y el enfoque. Además, el Bulletproof Coffee estabiliza los niveles de azúcar en la sangre y reduce los antojos de alimentos, facilitando una mayor concentración y productividad durante la mañana.

Quizás te estarás preguntando: "¡Ah, pero Pablo! La manteca tiene grasa y a mí la grasa me enferma y tapa las arterias". Bueno, eso lo vamos a desmitificar en breve...

Actividad Física = Movimiento

Realizar actividad física nos ayuda a mejorar nuestro estado físico, el estado de ánimo y la salud en general. No es necesario ser atletas o matarnos en un gimnasio. Es importante que la actividad física sea lo más completa posible y que forme parte de nuestro diario vivir.

El cerebro consume el 20% de la energía de todo nuestro cuerpo, ¿te acordás?. Por eso es fundamental que haya una buena oxigenación y flujo sanguíneo. Hacer actividad física mejora la concentración, la memoria y nuestra capacidad de atención.

Son incontables los beneficios que nos brinda realizar actividad física de forma regular (física, mental y emocionalmente). A continuación te compartimos un listado de los beneficios que nosotros consideramos más relevantes:

A Nivel Físico:

1. **Mejora de la salud cardiovascular:** Reduce el riesgo de enfermedades cardíacas, mejora la circulación sanguínea y ayuda a mantener la presión arterial en niveles saludables.
2. **Control de peso:** Ayuda a mantener un peso saludable al quemar calorías y aumentar el metabolismo.

3. **Fortalecimiento muscular y óseo:** Mejora la fuerza, la resistencia y la densidad ósea, reduciendo el riesgo de osteoporosis.
4. **Mejora de la flexibilidad y la coordinación:** Aumenta la agilidad y reduce el riesgo de caídas y lesiones.
5. **Aumento de la energía:** Mejora la resistencia y reduce la fatiga.
6. **Mejora del sistema inmunológico:** Fortalece el sistema inmunológico y ayuda a combatir infecciones y enfermedades.
7. **Mejora de la digestión:** Ayuda a regular el tránsito intestinal y reduce el riesgo de estreñimiento.
8. **Control de niveles de azúcar en sangre:** Ayuda a regular la glucosa en sangre y reduce el riesgo de diabetes tipo 2.

Nivel Mental y Emocional

1. **Reducción del estrés:** Ayuda a disminuir los niveles de cortisol y a liberar endorfinas, lo que mejora el estado de ánimo.
2. **Mejora del sueño:** Ayuda a conciliar el sueño más fácilmente y mejora la calidad del mismo.
3. **Aumento de la autoestima y la confianza:** Mejora la percepción del propio cuerpo y aumenta la autoestima.
4. **Reducción de la ansiedad y la depresión:** actúa como un antidepresivo natural, reduciendo los síntomas de ansiedad y depresión.
5. **Mejora de la función cognitiva:** Favorece la memoria, la concentración y la agudeza mental.
6. **Aumento de la productividad:** Mejora la capacidad de concentración y la eficiencia en las tareas diarias.

Nivel Social:

1. **Fomento de la interacción social:** Participar en actividades grupales o deportivas facilita la socialización y la creación de nuevas amistades.

2. **Mejora de las relaciones personales:** La práctica de actividad física en pareja o en grupo ayuda a fortalecer los lazos y mejorar la comunicación.

Beneficios para la Salud a Largo Plazo:

1. **Longevidad:** Las personas activas tienden a vivir más tiempo y con mejor calidad de vida (diversos estudios lo han comprobado a lo largo de los años).
2. **Prevención de enfermedades crónicas:** Reduce el riesgo de desarrollar enfermedades crónicas como la hipertensión, el colesterol alto, ciertos tipos de cáncer y enfermedades respiratorias.
3. **Mantenimiento de la funcionalidad:** Ayuda a mantener la independencia y la funcionalidad física en la vejez, mejorando la calidad de vida.

APORTE EXTRA: REDUCCIÓN DEL ESTRÉS

Hemos creado este apartado especial para remarcar la importancia de la actividad física como método para combatir el estrés.

La mayoría de las enfermedades son causa de estrés (y la inflamación crónica de bajo grado) que se acumula en el cuerpo y que no tiene escapatoria. Hoy, diversos estudios han demostrado que la práctica regular de actividad física libera hormonas como endorfinas, dopamina, serotonina y norepinefrina, las cuales promueven el bienestar general del cuerpo y reducen la ansiedad y el estrés. Es importante destacar que no necesitas cambiar o eliminar la actividad física que ya realizas; puedes adaptarla y complementarla con estas recomendaciones.

La actividad física regular optimiza la función del metabolismo. Al realizar ejercicio, se incrementa la actividad metabólica, lo que acelera el metabolismo. Esto nos ayuda a controlar el peso y alcanzar nuestro peso ideal, mejorando la eficiencia del cuerpo en el procesamiento de nutrientes para que estos lleguen a todos los órganos de manera adecuada. El ejercicio también aumenta la sensibilidad a la insulina, lo que facilita la utilización de la glucosa por las células y mejora el balance energético del cuerpo.

ACTIVIDAD FÍSICA RECOMENDADA:

Te recomendamos empezar a hacer alguna actividad física que disfrutes y te de placer. La actividad física no es un lujo. No es para el tiempo libre. La actividad física es algo que el cuerpo y la mente necesitan. Hay 3 tipos de ejercicios físicos que no te pueden faltar en tu rutina diaria:

Los 3 Tipos de Ejercicio Físico: Resistencia, Fuerza y Flexibilidad

Existen tres tipos principales de ejercicio físico: **resistencia, fuerza y flexibilidad**. Cada uno de estos tipos ofrece beneficios únicos y complementarios para el bienestar general del cuerpo. A continuación, exploraremos cada uno de estos tipos de ejercicio, sus beneficios y cómo incorporarlos en tu rutina diaria.

Ejercicio de Resistencia

Los ejercicios de resistencia, también conocidos como ejercicios cardiovasculares o aeróbicos, son actividades que aumentan la frecuencia cardíaca y mejoran la eficiencia del sistema cardiovascular y respiratorio. Estos ejercicios incluyen actividades como correr, nadar, andar en bicicleta, bailar y caminar a paso rápido.

Beneficios del Ejercicio de Resistencia:

1. **Mejora la salud cardiovascular:** Fortalece el corazón y mejora la circulación sanguínea.
2. **Quema calorías:** Ayuda en el control y pérdida de peso al aumentar el gasto calórico.

3. **Aumenta la resistencia:** Mejora la capacidad pulmonar y la resistencia física.
4. **Reducción del estrés:** Libera endorfinas y otras hormonas que mejoran el estado de ánimo.

Cómo Incorporarlo: Para obtener los beneficios del ejercicio de resistencia, se recomienda realizar al menos 150 minutos de actividad moderada o 75 minutos de actividad vigorosa por semana. Esto puede dividirse en sesiones de 30 minutos, cinco días a la semana.

Ejercicio de Fuerza

Los ejercicios de fuerza, también conocidos como entrenamiento de resistencia o de pesas (o simplemente musculación), están diseñados para fortalecer los músculos y articulaciones. Estos ejercicios incluyen el levantamiento de pesas, el uso de bandas de resistencia, ejercicios con el propio peso corporal como las flexiones y las sentadillas, y el uso de máquinas de resistencia en el gimnasio.

Beneficios del Ejercicio de Fuerza:

1. **Aumento de la masa muscular:** Fortalece y tonifica los músculos.
2. **Mejora de la densidad ósea:** Ayuda a prevenir la osteoporosis y fortalece los huesos.
3. **Incremento del metabolismo:** Aumenta la tasa metabólica en reposo, lo que ayuda en la quema de calorías.
4. **Mejora la postura y el equilibrio:** Fortalece los músculos centrales y mejora la estabilidad.

Cómo Incorporarlo: Se recomienda realizar ejercicios de fuerza dos o tres veces por semana, trabajando todos los grupos musculares principales. Es importante permitir un día de descanso entre sesiones para permitir la recuperación muscular.

Ejercicio de Flexibilidad

Los ejercicios de flexibilidad, también conocidos como ejercicios de estiramiento, están diseñados para mejorar la elasticidad de los músculos y la amplitud de movimiento de las articulaciones. Estos ejercicios incluyen el yoga, el pilates, y los estiramientos estáticos y dinámicos.

Beneficios del Ejercicio de Flexibilidad:

1. **Mejora de la movilidad articular:** Aumenta la amplitud de movimiento y la flexibilidad.
2. **Reducción del riesgo de lesiones:** Mantiene los músculos y articulaciones saludables y reduce la rigidez.
3. **Mejora de la postura:** Ayuda a corregir desequilibrios musculares y mejora la alineación corporal.
4. **Relajación y reducción del estrés:** Promueve la relajación mental y física.

Cómo Incorporarlo: Se recomienda realizar ejercicios de flexibilidad al menos dos o tres veces por semana, manteniendo cada estiramiento durante 15-30 segundos. Es especialmente beneficioso incluir sesiones de estiramiento después del ejercicio aeróbico o de fuerza para ayudar en la recuperación muscular.

Toda nueva actividad que realices debe ser progresiva, tolerante y amorosa

Ya te mencionamos la importancia de realizar actividad física pero repitiendo el sabio proverbio ayurvédico: todo debería ser progresivo, tolerante y amoroso. ¿Qué significa esto? Si hace tiempo que no haces ningún tipo de ejercicio físico, no será saludable que te inscribas en un gimnasio para entrenar todos los días de la semana. Lo ideal es ir incorporando un rutina de ejercicios diarios poco a poco (puedes comenzar con sólo 7 minutos de ejercicio diario y luego, con la práctica y la constancia ir sumando más tiempo cuando así lo sientas). Lo importante es **QUE TE MUEVAS**.

En el año 2014 Pablo se inscribió en una famosa cadena de gimnasio y, durante un mes, se anotó en todas y cada una de las clases que ofrecían (spinning, boxeo, fisiobalón, yoga, kangoo jumping, natación, musculación, funcional y alguna que ya ni recuerda). ¿Cómo terminó Pablo? Agotado a tal punto que casi debe dejar el entrenamiento. No seas como Pablo. RECUERDA: Debes ser progresivo, tolerante y amoroso con tu cuerpo y con tu capacidad de hoy. Todo se mejora.

Para que entiendan la importancia de lo que te estamos compartiendo te cuento un poco mi historia.

Yo (Pablo) comencé a entrenar con un entrenador personal hace 3 años. El entrenamiento propuesto por el instructor es lo que comúnmente se llama "entrenamiento funcional" (se utiliza poco peso y sobre todo ejercicios con el peso corporal).

Dato importante, fui atleta de alto rendimiento en mi adolescencia, jugué profesionalmente al tenis hasta los 21 años, pero al dejar el deporte de manera profesional, fui un poco descuidado con mi entrenamiento.

Lo que noté luego de meses de trabajo, es que aunque mejoré bastante mi condición, no lograba armonía física y reducir algunos dolores. Hablando con mi entrenador y médicos especializados, la recomendación fue incorporar trabajo muscular específico con aparatos de musculación. ¿Por qué te cuento esto? Porque recordando el principio de **Bioindividualidad**, todos necesitamos un abordaje específico y no hay fórmula mágica universal.

Busca algo que te guste. Puede ser un deporte, puede ser calistenia, puede ser yoga, pilates, lo que sea, pero necesitas hacer resistencia, fuerza y flexibilidad.

Aquí hay otra cosa interesante, que esto entra directamente en lo que es el biohacking, que es el HIIT, que son intervalos de alta intensidad. Así que, ojo, no lo hagas por tu cuenta sin consultar antes con un médico ya que este tipo de ejercicio es mucho más exigente y sería recomendable que te realices un chequeo médico que descarte cualquier condición que pueda traerte algún tipo de consecuencia.

HIIT

Lo más destacado de realizar entrenamiento **HIIT (High-Intensity Interval Training)** es que puedes lograr reducir el tiempo de entrenamiento y maximizar sus beneficios. Se puede hacer 15 minutos al día o tres veces a la semana (¿tan poco tiempo? SI!!).

El ejercicio HIIT funciona alternando períodos cortos de ejercicio de alta intensidad con períodos de recuperación o ejercicio de baja intensidad. De esta manera aprovechas al máximo tus capacidades cardiovasculares y musculares del cuerpo en sesiones de entrenamiento más cortas, generalmente entre 15, 20 y 30 minutos. El HIIT es ideal para aquellos que buscan maximizar los beneficios del ejercicio en un período de tiempo limitado.

Cómo funciona:

1. **Alta Intensidad:** Realizas un ejercicio a máxima intensidad durante un corto tiempo, generalmente entre 20 y 90 segundos. Esto puede incluir actividades como correr, saltar, burpees, etc.
2. **Recuperación:** Sigues con un período de recuperación activa o de baja intensidad, que puede durar igual o un poco más que el período de alta intensidad. Este puede incluir caminar, trotar lentamente, ejercicios suaves o detenerse.

3. **Repetición:** Repites esta secuencia varias veces. Un típico entrenamiento HIIT puede consistir en 4 a 10 sets o ciclos, dependiendo de la duración total del ejercicio y del nivel de fitness que tengas.

Beneficios:

- **Eficiencia de tiempo:** Permite un entrenamiento completo en menos tiempo en comparación con sesiones tradicionales de cardio.
- **Quema de calorías:** Aumenta el gasto calórico durante y después del ejercicio debido al efecto EPOC (exceso de consumo de oxígeno post-ejercicio).
- **Mejora cardiovascular:** Aumenta la capacidad cardiovascular y la resistencia en menos tiempo que los ejercicios de cardio continuo.
- **Versatilidad:** Se puede adaptar a cualquier nivel de fitness y se puede realizar con o sin equipo.

IMPORTANTE: Nuevamente, antes de comenzar una rutina de entrenamiento (especialmente HIIT que lleva tu cuerpo al límite) es sumamente importante que puedas realizar un chequeo médico previo y tengas la autorización de tu médico de cabecera.

https://www.marianaypablo.com/hiit-o-peak-fitness

CAMA SALTARINA

Como decía **Frank Suárez**, experto en metabolismo y salud, **"nunca he visto a nadie perder peso tan rápido y estar tan sano, haciendo un sólo ejercicio."**

Beneficios de Utilizar la Cama Saltarina

La cama saltarina, o trampolín o rebotador, es una herramienta de ejercicio muy efectiva que brinda beneficios para la salud física y mental.

1. Mejora Cardiovascular

Saltar en la cama elástica es una forma excelente de ejercicio aeróbico que aumenta la frecuencia cardíaca y mejora la salud cardiovascular. Además, fortalece el corazón, mejora la circulación sanguínea y aumenta la capacidad pulmonar.

2. Adiós Calorías y Peso De Más

El rebote en la cama saltarina ayuda a quemar una cantidad significativa de calorías en un corto período de tiempo. El ejercicio de alta intensidad puede ser más efectivo para la pérdida de peso en comparación con otros ejercicios cardiovasculares, como correr o caminar.

3. Fortalecimiento Muscular

El uso regular fortalece los músculos de las piernas, abdomen y espalda. Además, mejora la estabilidad y la fuerza del núcleo (o "*core*"), ya que los músculos centrales trabajan constantemente para mantener el equilibrio durante el rebote.

4. Equilibrio y Coordinación

Saltar en la cama saltarina requiere de una buena coordinación y equilibrio. Con el tiempo, puedes mejorar la **propiocepción**, es decir, la capacidad de tu cuerpo para percibir su posición en el espacio, lo que ayuda a reducir el riesgo de caídas y mejorar la agilidad. Esto es sumamente importante para personas con edad avanzada y para promover la longevidad en general.

5. Salud Ósea

El impacto controlado y repetitivo del rebote estimula los huesos y aumenta la densidad ósea, que previene la osteoporosis y mejora la salud ósea en general.

6. Reducción del Estrés

El ejercicio en la cama saltarina libera endorfinas (también conocidas como las hormonas de la felicidad) que ayudan a reducir el estrés, mejorar el estado de ánimo y combatir la ansiedad y la depresión.

7. Drenaje Linfático

El movimiento de rebote estimula el sistema linfático, que facilita la eliminación de toxinas de tu cuerpo. Un sistema linfático saludable es esencial para un sistema inmunológico fuerte y la prevención de enfermedades.

8. Bajo Impacto

A diferencia de otros ejercicios de alto impacto, como correr en superficies duras, la cama saltarina ofrece un entrenamiento efectivo con **menos tensión en las articulaciones**. Por eso es una opción ideal para personas con problemas articulares o aquellas que buscan una forma de ejercicio de bajo impacto.

9. Diversión y Motivación

La cama saltarina es una forma divertida de hacer ejercicio, que aumenta la motivación y facilita la regularidad. La variedad de ejercicios que se pueden realizar en una cama elástica también te ayuda a mantener el interés y evitar el aburrimiento. Saltar en la cama elástica, además, nos devuelve a un **estado de niños**, disfrutando del movimiento de rebote. Esta es una opción económica pero sobre todo muy divertida de ejercicio.

https://www.marianaypablo.com/cama-saltarina

No estar sentado más de media hora.

Esto ya te lo dijimos en varios capítulos atrás: permanecer sentados durante mucho tiempo es sumamente perjudicial para la salud. El ser humano no está hecho estar mucho tiempo sentados. Necesitamos ser más activos. Recuerda la técnica pomodoro que te explicamos anteriormente.

Intenta no permanecer sentado más de media hora seguida. Incluso, puedes dar algún paseo al aire libre (o una vuelta a la manzana). Si tienes la posibilidad, puedes aprovechar para pasar un ratito de tiempo en la naturaleza, en una plaza o parque.

YOGA

Yoga es más que una actividad física. Es una conexión con nuestras emociones. Yoga es una danza, una meditación en movimiento. Existen distintos tipos diferentes de yoga y cada tipo de yoga ofrece un enfoque y beneficios únicos que se adaptan a diferentes necesidades y niveles de experiencia, dándonos la posibilidad de elegir el estilo que mejor vibre con nuestra esencia y se alinee con nuestros objetivos de salud y bienestar.

Cada vez que hacemos actividad física, no es solo el cuerpo el que se compromete, el que está presente, sino todas nuestras partes: nuestras emociones, pensamientos y espíritu. Es importante entender que mientras más conscientes seamos durante la actividad, más involucrados estaremos en lo que estamos haciendo, mejor lo haremos y mayor será el beneficio.

Te compartimos los tipos de yoga más recomendados por expertos:

Hatha Yoga: Esta forma de yoga combina posturas físicas (llamadas *"asanas"*) con técnicas de respiración (o *pranayama*, que en sánscrito se traduce más fielmente como "el control de la energía" a través de la respiración) y meditación. Es ideal para quienes recién arrancan el camino del yoga porque mejora la flexibilidad, la fuerza muscular, y promueve la relajación y el equilibrio mental.

Vinyasa Yoga: Este tipo de yoga usa un flujo continuo de posturas que se sincronizan con la respiración, creando un movimiento fluido y dinámico. Para quienes ya tienen mayor flexibilidad y conocimiento del yoga vinyasa es ideal porque ayuda a lograr una resistencia cardiovascular, mayor coordinación, y promueve un estado mental meditativo en movimiento.

Ashtanga Yoga: Es un estilo más riguroso y exigente que sigue una secuencia específica de posturas de manera rápida y fluida, combinando fuerza y flexibilidad. Para realizar Ashtanga Yoga es preciso ya tener un entrenamiento previo. No recomendamos comenzar de cero con este tipo de ejercicio ya que es más demandante que los anteriormente mencionados. Ashtanga incrementa la fuerza, la flexibilidad, la resistencia, y desarrolla la autodisciplina.

Kundalini Yoga: Se enfoca en despertar la energía espiritual (kundalini) a través de la combinación de asanas, pranayama, mantras y meditación. Realizar Kundalini Yoga nos brinda equilibrio mental, emocional y espiritual, además de mejorar la creatividad y la claridad mental. Este tipo de yoga es recomendado para todas las personas que deseen tener una mayor conexión con su área espiritual y con un despertar de consciencia.

Iyengar Yoga: Éste es otro estilo de yoga enfocado en la alineación precisa del cuerpo en cada postura. Aquí también se utilizan accesorios como bloques y cintas para ayudar a lograr la forma correcta. Realizar Iyengar ayuda a mejorar la postura, aliviar el dolor muscular y articular, y es especialmente beneficioso para personas con lesiones o limitaciones físicas.

Bikram Yoga: o "yoga caliente", se practica en una sala a alta temperatura y consiste en una serie de 26 posturas fijas. Este tipo especial de yoga ayuda a desintoxicar el cuerpo a través del sudor, y nos permite mejorar la flexibilidad y la fuerza muscular, además de promover la pérdida de peso extra. Nos recomendamos esta actividad para personas que nunca han hecho ejercicio o que tengan algún tipo patología de base.

Restorative Yoga o Yoga Restaurativo: Este estilo de yoga es más pasivo y utiliza accesorios para mantener el cuerpo en posturas durante períodos prolongados, ayudando a lograr una relajación profunda. Realizar yoga restaurativo permite reducir el estrés, mejora la calidad del sueño y favorece la recuperación física y mental.

Yin Yoga: Este tipo de yoga se enfoca en la realización de estiramientos profundos y sostenidos, y trabaja principalmente en los tejidos conectivos y las articulaciones, aumentando la flexibilidad y mejorando la circulación. Es excelente para la meditación y la calma mental.

Masaje Ayurveda (Abhyanga & Shirodhara)

Para el Ayurveda, y para otras disciplinas milenarias y ancestrales, el masaje no es un lujo, sino un tratamiento terapéutico con resultados muy eficaces. La recomendación es hacer un automasaje entre 1 o 2 veces por semana.

La terapia de masaje de cuerpo completo (*abhyanga*) promueve el bienestar general al equilibrar el cuerpo, mente y espíritu. Mejora la circulación, desintoxica el cuerpo y reduce el estrés, lo que lleva a una mayor relajación y claridad mental. Además, fortalece el sistema inmunológico, alivia el dolor muscular y articular, y nutre la piel, dejándola suave y rejuvenecida.

El **Shirodhara**, por otra parte, aporta una profunda relajación mental y física al verter un hilo constante de aceite tibio (que puede estar preparado con hierbas medicinales y fitoterapia) en la frente, con una vasija especial. Este tratamiento calma el sistema nervioso, alivia el estrés y la ansiedad, mejora la calidad del sueño y equilibra los doshas, que permite mayor estado de bienestar y claridad mental. También ayuda a aliviar dolores de cabeza y migrañas, logrando un sentido de paz interior y equilibrio emocional.

El masaje en sí ayuda a aliviar dolores, activar los músculos, mejora el proceso de eliminación propio del cuerpo y ayuda a sentirte mejor, menos estresado, etc. El contacto con la piel es, además, un mimo y una caricia al alma que nos conecta con nuestras emociones y con el amor propio.

https://www.marianaypablo.com/masaje-ayurveda

Acupuntura

La acupuntura es una terapia milenaria que proviene de la medicina china y que consiste en la inserción suave de finas agujas en puntos específicos del cuerpo para equilibrar la energía vital, conocida como "**Qi**". Esta práctica nos ayuda a liberar bloqueos energéticos, promoviendo un flujo armonioso que alivia el dolor, reduce el estrés y mejora la salud en general. Al recibir una sesión de acupuntura, sentimos cómo nuestro cuerpo se relaja profundamente, nuestra mente se aclara y experimentamos un bienestar renovado que nos conecta con nuestra esencia más pura. Es una experiencia que, en su sencillez, toca lo más profundo de nuestro ser y nos recuerda la capacidad innata del cuerpo para sanar y encontrar el equilibrio. El uso de las agujas puede asustar, parecer doloroso o invasivo pero la realidad es que el dolor es mínimo o nulo y es sumamente relajante. Mariana, por ejemplo, siempre se queda dormida profundamente durante las sesiones. Mientras Pablo la mira con un poco de envidia porque nunca logra un estado tan profundo de relajación ni quedarse dormido estando acostado boca abajo y lleno de agujas…

La Mejor Medicina Es La Que Sana Al Paciente

Luego de muchos años de práctica y docencia ayurveda, varias personas nos han cuestionado el motivo de usar otras prácticas - como la acupuntura - en nuestra vida. Ésta siempre ha sido nuestra más honesta y amorosa respuesta: "La mejor medicina es la que sana al paciente." Con el conocimiento y terapias a nuestro alcance el día de hoy, es importante poder tomar lo mejor de cada práctica y no "casarse" o encerrarse a una sola disciplina. Poder probar varias formas de bienestar es lo que nos permite encontrar nuestro camino, lograr una mayor conexión con nuestro cuerpo y, sobre todo, lograr un más profundo auto-conocimiento. Es por eso que siempre promovemos y recomendamos vivenciar y practicar distintas prácticas ancestrales para que cada persona logre encontrar su *"camino de sanación"*.

Foam Roller o Rodillo de Masaje

El Foam Roller, o rodillo de masaje, es una herramienta sencilla pero poderosa que nos invita a conectar con nuestro cuerpo de manera más consciente. Al rodar sobre sus superficies firmes y texturizadas, liberamos tensiones musculares, mejoramos la circulación y aliviamos esas pequeñas molestias que acumulamos en el día a día. Cada movimiento se convierte en un masaje profundo y revitalizante, que no solo relaja los músculos, sino que también calma la mente. Es una práctica que nos ayuda a reconectar con nuestro bienestar, aliviando el estrés y aumentando nuestra flexibilidad, para sentirnos más livianos y en equilibrio. El uso del foam roller ayuda a descomprimir el cuerpo - que se va compactando debido a la mala postura, estar mucho tiempo sentados o el estrés -, devolviéndonos los espacios que vamos perdiendo a través del masaje de tejido profundo.

No te vamos a mentir: **muchas veces es doloroso**. Sobre todo si hay contracturas musculares. El masaje duele cuando hay durezas en el cuerpo, que provienen del estrés acumulado. Pero es una forma efectiva, sencilla y económica de ir liberando las tensiones musculares en la comida de tu casa. Te súper recomendamos tener un foam roller o rodillo de masaje en tu casa porque es económico, efectivo, rápido y fácil y además, no necesitas de una guía sino que lo puedes hacer solo/a.

<u>*Devolviendo Los Espacios*</u>

El estrés constante, la mala postura, y el sedentarismo hacen que nuestro cuerpo se vaya compactando poco a poco, generando que las vértebras se peguen unas a otras. Cuando las vértebras se comprimen por el estrés, una mala postura o el sedentarismo, limitamos el flujo natural de energía y podemos experimentar dolor, rigidez y malestar general. Al cuidar estos espacios, permitimos que la columna se alinee correctamente, promoviendo una mejor circulación, movilidad y una sensación de libertad en cada movimiento. Es como darle al cuerpo el espacio que necesita para respirar y funcionar en su máxima expresión, evitando que la tensión se acumule y se convierta en un peso que llevamos día tras día. Esta atención consciente a nuestra postura y a la apertura de los espacios internos nos ayuda a mantenernos en equilibrio, a sentirnos más ligeros y a movernos con mayor gracia y vitalidad.

Por eso es fundamental y necesario realizar ejercicios que nos devuelvan los espacios que vamos perdiendo.

Volver A Ser Niños

Ya mencionamos que hacer ciertas actividades nos devuelven la posibilidad de divertirnos y de ser niños, pero aquí vamos a profundizar un poco más. Es vital poder jugar, conectarnos con el juego y la alegría. Tirarnos al suelo, bailar, saltar, movernos libremente y sin juicio, conectando con nuestro yo primitivo e infantil. Según la cultura védica (de donde proviene el Ayurveda) la vida es **LEELA** (pronunciado "lila"): un juego cósmico.

Según el **Dr. Deepak Chopra**: "*Leela*" es un término en sánscrito que se traduce como "**juego divino**" o "**juego cósmico**". Se refiere a la idea de que la creación y las actividades del universo son una especie de juego divino llevado a cabo por la conciencia cósmica.

"Leela" es un concepto profundo y fascinante que habla de la naturaleza lúdica y espontánea del cosmos. En la filosofía védica, se considera que el universo no es un accidente ni un acto de voluntad arbitraria, sino un acto de alegría divina. Todo lo que existe, desde la más pequeña partícula hasta la más grande galaxia, es parte de este juego divino.

La conciencia cósmica, o *Brahman*, es el director de este juego. No es un ser en el sentido convencional, sino la realidad última que subyace a todo lo que existe. Es la fuente de toda la creación y todas las acciones en el universo son sus expresiones.

Este concepto nos invita a ver la vida y el universo no como una lucha o una carga, sino como un juego divino. Nos anima a participar en este juego con alegría y asombro, a explorar y descubrir, a crear y a contribuir. Nos recuerda que somos parte de algo más grande y que nuestras acciones tienen un significado y un propósito en el gran esquema de las cosas.

En última instancia, "Leela" nos ofrece una visión del universo que es a la vez misteriosa y maravillosa, llena de posibilidades y potencialidades. **Es una visión que nos inspira a vivir con mayor conciencia, creatividad y compasión**.

Sueño

Durante las horas de sueño, nuestro organismo se recupera y se regenera. Si, por algún motivo, no logramos las horas de descanso necesarias, entonces **todo nuestro sistema se corrompe**. Una calidad óptima del sueño puede mejorar la salud, la cognición y el bienestar general.

¿Por qué es importante una buena calidad de sueño? Primero, porque nos ayuda a la recuperación y a la reparación total de nuestro organismo, fortaleciendo nuestro sistema inmunológico, promoviendo la salud celular. Recuerda todo lo que has aprendido hasta ahora sobre las mitocondrias y la importancia de que tus células estén sanas. Un buen descanso nos permite un mejor rendimiento cognitivo, mayor concentración, memoria, una toma de decisiones más clara y resolución de problemas más eficiente.

Si hay algo que está afectando tu vida, puede que tenga que ver con un mal sueño o un sueño de mala calidad. Los cuales son muy importantes para la regulación del apetito, del metabolismo, del equilibrio emocional, y también la reducción del estrés.

Un buen descanso es la clave para reducir el estrés y mantener un metabolismo saludable. Cuando dormimos profundamente, el cuerpo regula los niveles de cortisol, la hormona del estrés, permitiéndonos despertar con una sensación de calma y equilibrio. Además, el sueño adecuado es esencial para un metabolismo eficiente; es en esas horas de descanso donde el cuerpo optimiza la utilización de la energía, regula el apetito y favorece la quema de grasas. Así, descansar bien no solo nos ayuda a enfrentar la vida con menos estrés, sino que también nos permite mantenernos en un estado de bienestar físico y mental óptimo.

El sueño es un refugio para el cuerpo y el alma, una pausa sagrada que permite a cada célula renovarse y a cada pensamiento encontrar su lugar.

Dormir bien no es solo cerrar los ojos y desconectar del mundo, es un acto de amor propio, una oportunidad para que el cuerpo se repare y el espíritu recupere su equilibrio.

Durante el sueño, nuestro cuerpo realiza una danza sutil de procesos de sanación: los músculos se relajan, las células se regeneran, y el sistema inmunológico se fortalece. Es en ese espacio de quietud donde se liberan las tensiones acumuladas, permitiendo que el corazón encuentre su ritmo natural y que la respiración fluya sin esfuerzo. La salud física florece en ese estado de descanso profundo, donde cada órgano se revitaliza, preparándose para un nuevo día con energía renovada.

Pero el sueño va más allá de lo físico. En el ámbito mental y emocional, el descanso adecuado es el ancla que nos mantiene centrados. Durante la noche, la mente se desprende del ruido constante, permitiendo que las emociones se asienten y que los pensamientos se organicen. Es en esos momentos de sueño profundo donde el subconsciente trabaja en silencio, procesando las experiencias del día, integrando aprendizajes, y dejando ir lo que ya no sirve. Un buen descanso nos ofrece claridad mental, nos permite tomar decisiones con mayor sabiduría y enfrentarnos al día con serenidad y enfoque.

En lo emocional, el sueño es un bálsamo. Nos ofrece la posibilidad de liberar el estrés, de reconectar con nuestras emociones más auténticas, y de encontrar paz en medio del caos cotidiano. Cuando descansamos bien, nos sentimos más capaces de amar, de conectar con los demás, y de enfrentar los desafíos con una mente y corazón equilibrados.

Vamos a empezar con algunos biohacks para mejorar el sueño, que te recomendamos poner en práctica.

Primero, al levantarte, es importante **mirar el amanecer** antes de que el sol esté demasiado alto. Esto no solo mejora la vista, sino que también sincroniza tu ritmo circadiano, ayudando a estabilizar el biorritmo. El cuerpo entiende que es momento de activar la energía por la mañana, y por la noche, de reducir el ritmo para poder dormir y lograr un sueño reparador.

Es fundamental recordar no mirar directamente al sol con los ojos abiertos. Existe una técnica con los ojos cerrados que te enseñaremos pronto. Los lentes *blue blockers (o bloqueadores de la luz azul, de los que te comentaremos bien en el apartado de "Gadgets" más adelante)* son útiles cuando estamos en casa con luces LED o frente a pantallas. Esta luz azul puede afectar no solo la vista, sino también el biorritmo, haciéndonos vivir en estado de alerta. Al usar estos anteojos blue blockers reduces el esfuerzo que tus células y tus mitocondrias realizan, mejorando así la calidad del sueño.

Otro dato esencial es poder dormir en **completa oscuridad**. La habitación debe estar a oscuras, sin ninguna luz. Si hay luces LED en algún lugar, es mejor cubrirlas (puedes usar un sticker para pegar arriba de la luz). Esto ayuda a evitar una reducción en la producción de melatonina, esencial para un buen descanso. Si necesitas luz, usa velas con moderación (¡trata de no producir un incendio!), o puedes reemplazar las luces led tradicionales por lámparas rojas (la gente tal vez empiece a dudar el uso que le estás dando a tu casa, pero es un precio bajo que conviene pagar por tu salud…) solo para tener un poco de visión en la habitación. Apagar o cubrir todas las luces realmente puede transformar la calidad de tu sueño. Dormir en total oscuridad marca una diferencia notable en cómo descansas cada noche.

El siguiente biohack va a hacer muy feliz a tu esposo/esposa/pareja o compañero/a: taparse la boca con cinta durante la noche.

Es importante acostumbrarse a respirar por la nariz durante la noche, ya que respirar por la boca no es saludable. Esto afecta no solo a la mandíbula, sino también a la calidad del sueño. Estudios han demostrado cómo la respiración por la boca puede modificar la fisonomía de la cara y, en consecuencia, impactar en el descanso. Una solución es usar una cinta hipoalergénica para mantener la boca cerrada durante la noche y fomentar la respiración nasal.

Otro aspecto clave para mejorar el sueño es evitar el uso de dispositivos electrónicos antes de dormir. **Apagar el WiFi**, evitar ver televisión y no usar el celular al menos dos horas antes de acostarse puede marcar una gran diferencia en la calidad de vida. Aunque el vecino tenga WiFi, al menos reducirás tu exposición apagando el tuyo. Establecer horarios para disfrutar de ver una película o usar el celular en momentos más adecuados es una buena práctica. Lo ideal es no tener la televisión ni el celular en el dormitorio, ya que suelen ser distracciones que empeoran la calidad del descanso. Probar una semana sin estas distracciones en la cama puede ayudarte a notar cómo mejora tu bienestar y la calidad de tu sueño.

El uso de un anillo o smartwatch para medir la calidad del sueño es clave en el proceso de optimización del descanso. Estos dispositivos nos permiten monitorear las diferentes fases del sueño, como el sueño ligero, el profundo y el **REM**. Cada una de estas etapas juega un rol crucial en la recuperación del cuerpo y la mente: el sueño profundo es responsable de la regeneración celular y el fortalecimiento del sistema inmunológico, mientras que el sueño REM es fundamental para consolidar la memoria y las funciones cognitivas. Al tener acceso a estos datos, podemos ajustar hábitos y mejorar nuestro bienestar general de manera personalizada.

¡Pero Mariana y Pablo! ¨¡Me dijeron que debía reducir el uso de tecnología y ahora me proponen que duerma con un reloj o anillo inteligente, pónganse de acuerdo! Sabíamos que ibas a pensar eso... y es verdad. La clave aquí está en medir, encontrar un patrón, corregirlo y dejar de usarlos. Si persiste un desarreglo, nuevamente medir, hasta corregirlo y luego dejar de usarlo. ¿Viste qué simple?

Ahora bien, es importante levantarse de inmediato al despertar, en lugar de quedarse en la cama. Exponerse a la luz natural, especialmente al amanecer, ayuda a regular el ritmo circadiano. También es útil practicar ejercicios de respiración, como la respiración al cuadrado (inhalar en 4 tiempos, retener 4, exhalar 4, retener 4) antes de dormir, ya que esto favorece un sueño más profundo y reparador. Estos pequeños cambios son esenciales para mejorar tu descanso y bienestar. Te compartimos a continuación un enlace para que aprendas este pranayama.

https://www.marianaypablo.com/respiracion-cuadrada

Alimentación

La alimentación juega un papel fundamental porque los nutrientes que consumimos impactan directamente en nuestra salud y bienestar.

"Somos lo que comemos. Pero más somos lo que digerimos."

¿Por qué es importante una buena alimentación? Porque es el aporte de nutrientes esenciales para nuestro organismo. Una alimentación equilibrada y nutritiva nos va a dar los nutrientes que necesitamos para que nuestro cuerpo funcione de forma óptima, para estar sanos. La alimentación correcta influye en la regulación hormonal, afecta al metabolismo, al estado de ánimo y al rendimiento a lo largo del día. Una buena alimentación es trascendental porque nuestra energía está en juego, tanto para un buen rendimiento físico como mental.

Empecemos con los biohacks de la alimentación. Una de las primeras cosas que debemos considerar es reducir o eliminar los carbohidratos refinados de nuestra dieta: el pan, el azúcar, la bollería, las facturas, los postres, y todo aquello que, aunque pueda parecer tentador, es artificial y no aporta beneficios reales a nuestra salud. En realidad, genera precisamente todo lo opuesto. Nos enferma.

Estos alimentos procesados, que están tan presentes en nuestra vida cotidiana, no tienen cabida en la naturaleza; no vas a encontrar una factura colgando de un árbol (¡no estaría nada mal!). Es crucial entender que, si bien podemos darnos un gusto ocasionalmente, debemos hacerlo con moderación. La clave está en disfrutar de esos pequeños placeres sin convertirlos en un hábito diario. **¿Vas a comprometer tu salud por segundos de placer en tu boca?** Hazte esta pregunta antes de consumir cualquier alimento que sepas que no es real y que no te aportará ningún beneficio.

El ayuno intermitente y el ayuno completo son dos prácticas que pueden transformar nuestra relación con la comida y nuestra salud en general. Nuestro cuerpo está diseñado para manejar la falta de alimento; de hecho, nuestros antepasados no comían de forma constante a lo largo del día. El ayuno le da un respiro al cuerpo y al metabolismo, permitiendo que estos se regeneren y funcionen de manera óptima. Este descanso alimenticio promueve procesos como la **autofagia**, donde el cuerpo elimina células dañadas, y la **mitofagia**, que se refiere a la renovación de las mitocondrias, esas pequeñas "baterías" que dan energía a nuestras células. Estos procesos son esenciales para mantener la vitalidad y prevenir enfermedades.

Según el Ayurveda, es importante tener en consideración tu **constitución Dóshica**, tu **prakriti** y también tu **vikriti** (tu "desequilibrio Dóshico") al hacer ayuno. Dependiendo de tu constitución, puedes hacer ayuno de 1 a 3 días. Como siempre, te recomendamos que realices una consulta con un profesional *calificado, actualizado e informado* antes de hacer un cambio drástico en tu estilo de vida.

Si la idea de hacer un ayuno completo te parece demasiado desafiante, puedes optar por el ayuno intermitente, que es más flexible pero igual de efectivo. Por ejemplo, puedes cenar a las 7 de la tarde y no comer hasta las 10 de la mañana del día siguiente, lo que te dará un período de ayuno de 15 horas. Este enfoque imita los beneficios del ayuno prolongado, permitiendo que el cuerpo descanse y se recupere, sin la necesidad de realizar un ayuno completo de varios días.

Cenar temprano es otro hábito que tiene un impacto significativo en nuestra salud y bienestar. En Ayurveda, uno de los principios fundamentales es *ahimsa*, que significa no violencia. Esto se aplica no solo a cómo tratamos a los demás, sino también a cómo tratamos a nuestro propio cuerpo. Si estás acostumbrado a cenar a las 10 de la noche, hacer un cambio brusco y cenar a las 6 puede ser demasiado para tu biología. Por eso, es importante hacer los cambios de manera gradual y con respeto hacia tu propio ritmo. Puedes empezar cenando media hora antes cada día, observando cómo te sientes con cada ajuste. Recuerda: progresivo, tolerante y amoroso…

Cenar temprano no solo te ayuda a satisfacer el apetito, sino que también permite que la digestión se complete antes de irte a la cama, lo que es crucial para un descanso reparador. Cuando cenamos tarde y nos acostamos inmediatamente después, el cuerpo aún está en modo de alerta, lo que puede interferir con nuestra capacidad para dormir profundamente. Por eso es importante crear una rutina nocturna que le permita al cuerpo relajarse gradualmente. Esto implica no solo cenar temprano, sino también reducir las luces y las actividades estimulantes, preparándonos mental y físicamente para el descanso.

Al adoptar estos hábitos, como cenar temprano y practicar el ayuno intermitente, le damos al cuerpo el tiempo y el espacio necesarios para descansar, regenerarse y prepararse para un nuevo día. Esto no solo mejora nuestra calidad de sueño, sino que también tiene un impacto positivo en nuestra salud general, aumentando nuestra energía y bienestar día tras día.

¿A qué nos referimos cuando mencionamos **"Ayuno Intermitente"**?

El ayuno intermitente es una práctica alimenticia que, más que enfocarse en lo que comes, se centra en cuándo comes. Consiste en alternar periodos de ingesta de alimentos con periodos de ayuno. A lo largo del día, estableces una ventana de tiempo específica para comer, y fuera de ese intervalo, permites que tu cuerpo descanse de la digestión. Este descanso es vital para que el cuerpo tenga tiempo de regenerarse, quemar grasas y optimizar funciones esenciales, como la eliminación de células dañadas y la renovación de energía.

El ayuno intermitente es flexible. Por ejemplo, puedes decidir comer tus alimentos en un periodo de 8 horas, y ayunar durante las 16 horas restantes. Durante el ayuno, tu cuerpo se ajusta a la falta de alimento, activando procesos de limpieza y reparación internos, conocidos como autofagia (que te mencionamos anteriormente). Es como darle al cuerpo una pausa para que se recupere y funcione de manera más eficiente. Además, este enfoque tiene raíces ancestrales, ya que nuestros antepasados no tenían acceso constante a la comida, y sus cuerpos estaban acostumbrados a pasar largos periodos sin comer, lo que en realidad fortalecía su salud.

Es una herramienta poderosa que no solo ayuda a regular el peso y los niveles de energía, sino que también promueve la claridad mental y el bienestar general. Lo mejor del ayuno intermitente es que no se trata de privarse de comer, sino de ser consciente del tiempo en el que comes para aprovechar al máximo los beneficios naturales de tu cuerpo.

Te compartimos un dato muy interesante: una persona que consume 2000 calorías al día (divididas en 4 comidas) ganará mucho más peso que una persona que ingiera exactamente lo mismo pero cenando mucho más temprano. Es decir, que una persona cuya última comida sea a las 10 u 11 pm ganará mucho más peso que la persona que (comiendo lo mismo) tenga su última comida a las 5 o 6pm. Interesante, ¿no?

Vinagre de manzana

El vinagre de manzana es un aliado poderoso que, cuando se utiliza de manera adecuada, puede realmente marcar la diferencia. Tomar una cucharada de vinagre de manzana diluido en un vaso con agua antes de consumir una comida alta en carbohidratos o azúcares puede ayudar a mitigar los **picos de glucosa** que suelen seguir a estas comidas.

¿Por qué es tan importante evitar estos picos? Los picos de glucosa ocurren cuando los niveles de azúcar en sangre aumentan rápidamente después de una comida alta en carbohidratos. Este aumento súbito puede generar fatiga, aumento de peso y, a largo plazo, problemas más graves como la resistencia a la insulina. Además, el aumento de azúcar en sangre también contribuye a la

glicación. La glicación es un proceso en el que el exceso de azúcar en la sangre se adhiere a las proteínas, formando compuestos dañinos llamados productos finales de glicación avanzada (AGEs). Estos AGEs pueden causar daños en los tejidos y acelerar el envejecimiento, además de estar relacionados con enfermedades crónicas como la diabetes y problemas cardiovasculares. En palabras más sencillas, el proceso de glicación es una putrefacción interna.

Mantener estos niveles de glucosa estables es clave para mantener un equilibrio en nuestro cuerpo y mente. Cuando logramos esto, nos sentimos más energéticos, nuestra mente está más clara, y evitamos esos bajones repentinos de energía que a veces nos hacen sentir agotados.

Para reducir los picos de glucosa y mantener el azúcar en sangre estable, se recomienda seguir un orden específico al comer: **primero las fibras, luego las proteínas y grasas, y finalmente los carbohidratos.** Por ejemplo, si estás comiendo una ensalada, comienza con las hojas verdes y otros vegetales ricos en fibra. Luego, pasa a las proteínas y grasas saludables, como un poco de pollo, carne vacuna o pescado, aguacate (palta) o nueces. Finalmente, deja para el final los carbohidratos o almidones como el arroz, el pan integral o las papas. Este enfoque ayuda a que la digestión sea más lenta y evita que la glucosa se absorba rápidamente, manteniendo los niveles de energía equilibrados y apoyando una mejor salud metabólica a largo plazo.

El vinagre de manzana actúa como un regulador, retrasa la absorción de los azúcares en el torrente sanguíneo, lo que a su vez ayuda a mantener los niveles de glucosa más estables. Es un biohack sencillo pero efectivo, especialmente en situaciones donde no podemos evitar una comida más indulgente. Pero recuerda, como todo en la vida, la **moderación** es clave. Este truco no es una excusa para abusar de las comidas poco saludables, sino una herramienta que podemos usar en ocasiones excepcionales.

Además de este biohack, es fundamental que nuestra alimentación diaria se base en alimentos lo más naturales y ecológicos posibles. Al elegir alimentos menos procesados y más frescos, no solo estamos cuidando nuestra salud, sino también nuestro entorno. Cocinar en casa es otra forma de asegurarnos de que lo que comemos sea realmente nutritivo, y de evitar los aditivos y conservantes que muchas veces vienen en los productos industrializados. Una alimentación consciente y equilibrada, complementada con pequeños trucos como el uso del vinagre de manzana, puede tener un impacto significativo en nuestra salud a largo plazo.

Hay gente que dice que no le gusta cocinar, pero si te conectas con el arte de cocinar, estarás logrando una conexión con el arte de la energía, el amor y la transformación.

Es fundamental para tu salud elegir grasas de calidad para cocinar, como la mantequilla (manteca) o el ghee (manteca clarificada), en lugar de aceites vegetales como los de girasol, maíz, canola o soya. Las grasas naturales, como las mencionadas, han sido utilizadas por siglos en la cocina tradicional y son esenciales para muchas funciones del cuerpo. Estas grasas no solo aportan sabor y textura a nuestros platos, sino que también juegan un papel crucial en la absorción de **vitaminas liposolubles (A, D, E, K)**, el equilibrio hormonal, y la protección del sistema cardiovascular.

Por otro lado, los aceites vegetales procesados, aunque han sido promovidos como "saludables" durante décadas, son perjudiciales cuando se usan de forma regular. Estos aceites suelen ser altamente procesados, a menudo mediante el uso de químicos y altas temperaturas, lo que genera compuestos inflamatorios y radicales libres que dañan las células de nuestro cuerpo. Así mismo, son ricos en ácidos grasos omega-6, los cuales desequilibran la proporción natural de omega-3 y omega-6 en el cuerpo, favoreciendo la inflamación crónica (motivo principal de la mayoría de las enfermedades).

(Dedicamos un capítulo entero indicándote por qué debemos evitar este tipo de aceites; si ya te has olvidado, ¡vuélvelo a leer!)

Al cocinar con grasas naturales como la mantequilla (manteca) o el ghee, le das a tu cuerpo las grasas saturadas que necesita para funcionar de manera óptima. Estas grasas son estables a altas temperaturas -y por este motivo son la opción más segura para cocinar- a diferencia de los aceites vegetales que pueden oxidarse y volverse tóxicos cuando se calientan. Además, el ghee y la manteca son especialmente valorados en tradiciones milenarias como el Ayurveda, donde se les reconoce por sus propiedades nutritivas y curativas. Un dato de color es que, para el Ayurveda, el "ghee" es llamado "**oro líquido**".

Elegir estas grasas de calidad no solo va a mejorar el sabor de tus comidas, sino que también te acercará a un estilo de vida más saludable, donde tu cuerpo recibe los nutrientes necesarios para mantenerse fuerte y equilibrado. Así, **al elegir con conciencia lo que pones en tu cocina, estás invirtiendo en tu salud a largo plazo.**

Si deseas cocinar con aceite, los más recomendables son el aceite de oliva y el aceite de coco. El aceite de oliva, especialmente el extra virgen, es rico en antioxidantes, polifenoles (ayudan a combatir los radicales libres por su función antioxidante, entre otras cosas) y grasas saludables que protegen el corazón y reducen la inflamación. Por otro lado, el aceite de coco es estable a altas temperaturas, lo que lo hace ideal para cocinar sin que se degrade y pierda sus propiedades beneficiosas. Ambos aceites apoyan la salud metabólica y aportan nutrientes esenciales, haciendo que las comidas sean no solo más sabrosas, sino también más nutritivas.

En nuestro previo libro (*Transformación Total del cuerpo, la mente y el espíritu*), Pablo mencionó su experiencia con "**el fatídico Doctor V**" y cómo mal aconsejaba a sus pacientes con creencias nefastas sobre la vida. El caso es que hubo un médico que hizo muchísimo más daño que el torpe Doctor V y que además lo hizo a una escala global. ¿A quién nos referimos? A *Ancle Keys*. Aquí te presentamos al culpable de tus quizás errados conceptos sobre tu alimentación. Llegó el momento de desmitificar el tema de la grasa...

Ancel Keys fue un fisiólogo estadounidense que, en la década de 1950, popularizó la idea de que las grasas saturadas eran las principales responsables de las enfermedades cardíacas. Su estudio, conocido como el "Estudio de los Siete Países", mostraba una supuesta relación entre el consumo de grasas y las enfermedades del corazón. Aunque su investigación fue cuestionada por su metodología y la omisión de datos que no encajaban con sus conclusiones, la teoría de Keys ganó rápidamente aceptación. Para que te des una idea, disponía de estadísticas de 22 países, pero solo utilizó solamente 7, aquellos que guardaban la relación que él quería probar.

Este enfoque anti-grasa se convirtió en la base de las recomendaciones dietéticas en Estados Unidos y en gran parte del mundo, promoviendo dietas bajas en grasas y altas en carbohidratos. Sin embargo, con el tiempo, esta recomendación generó serios problemas de salud pública, ya que las personas comenzaron a consumir más alimentos procesados y ricos en azúcares, lo que llevó a un aumento en la obesidad, la diabetes y otras enfermedades crónicas.

El legado de Ancel Keys nos recuerda la importancia de cuestionar las recomendaciones nutricionales y de buscar un equilibrio en nuestra alimentación, en lugar de demonizar un solo nutriente.

Hay un antiguo proverbio védico que nos recuerda que "**alimento es todo lo que entra por los sentidos**", invitándonos a reflexionar no solo sobre lo que comemos, sino también sobre lo que aplicamos en nuestro cuerpo y exponemos a nuestros sentidos. Al preguntarnos ¿qué jabón usamos? ¿qué champú elegimos? ¿qué cremas aplicamos?, debemos considerar que nuestra piel absorbe lo que le ponemos, igual que nuestro cuerpo digiere lo que comemos. Si no te llevarías algo a la boca, ¿por qué llevarlo a tu piel?

No te lleves a la piel, lo que no te llevarías a la boca. (Antiguo proverbio Ayurvédico)

Esta perspectiva nos anima a elegir productos naturales y puros, que nutran nuestro cuerpo desde el exterior con el mismo cuidado y respeto que dedicamos a nuestra alimentación.

"Alimento es todo lo que entra por los sentidos." (Proverbio Ayurveda)

Meditacion

La práctica regular de meditación tiene un impacto enorme en tu salud física, mental y emocional, concentración y bienestar general. Hoy en día, en el mundo en el que vivimos, con el constante impacto de la información, la tecnología y los estresores físicos y mentales, **meditar ya no es una opción - o un momento de relax-, es una obligación, una necesidad real.**

¿Por qué meditar? Aprender a meditar y hacerlo de manera regular nos permite encontrar la aceptación de nosotros mismos y por ende, de los demás. Es la mejor herramienta para parar brevemente los pensamientos que muchas veces son más nefastos que positivos, armonizar las emociones, dormir mejor logrando un descanso reparador, comer mejor, ayudando a una buena digestión, tener más energía, una mayor creatividad, intuición y productividad en nuestro trabajo.

Una vez se le preguntó a Buda: ""¿Qué has ganado con la meditación?". Él respondió: "Nada. Sin embargo, he perdido la ira, la ansiedad, la depresión, la inseguridad y el miedo a la vejez y a la muerte"".

Meditar es una práctica transformadora que va más allá de encontrar momentos de quietud. Es un proceso que nos permite reconectar con nuestra esencia, sintonizar con nuestro entorno y vivir con mayor presencia. A través de la meditación, podemos experimentar una serie de beneficios que abarcan todos los aspectos de nuestro ser: físico, mental y espiritual. La meditación promueve la **homeostasis**, un estado de equilibrio interno que favorece la salud y el bienestar.

Beneficios físicos:

- **Reducción del estrés:** La meditación activa la respuesta de relajación del cuerpo, disminuyendo tus niveles de cortisol y promoviendo un estado de calma.
- **Mejora del sueño:** Al calmar la mente, la meditación te permite lograr un sueño más reparador, ayudando a combatir el insomnio y otros trastornos del sueño.
- **Fortalecimiento del sistema inmunológico:** La práctica regular de la meditación ha demostrado mejorar la respuesta inmunitaria, protegiendo tu cuerpo de enfermedades.
- **Generación de nuevas vías neuronales**: Meditar genera nuevas vías neuronales que te ayudan a mejorar la función cerebral y la salud mental.

Beneficios mentales:

- **Mejora de la auto-regulación:** La meditación te permite desarrollar mecanismos de autorregulación, que reduce el riesgo de ansiedad, depresión e incluso soledad.
- **Aumento de la concentración:** Meditar entrena la mente para enfocarte en el presente, mejorando la capacidad de atención y concentración en las actividades diarias.

- **Gestión emocional:** Al observar tus pensamientos y emociones sin juzgarlos, la meditación te ayuda a manejar mejor el estrés, la ansiedad y otras emociones difíciles.
- **Claridad mental:** La práctica constante te permite despejar la mente de pensamientos innecesarios, fomentando una mayor claridad y creatividad.

Beneficios espirituales:

- **Conexión con uno mismo:** La meditación te lleva a un espacio de introspección donde puedes explorar tu verdadera esencia y encontrar un sentido más profundo de ti mismo.
- **Paz interior:** Al desapegarte del ruido exterior, cultivas una serenidad que te acompaña incluso en medio de las dificultades.
- **Sentido de propósito:** La meditación abre la puerta a una mayor conciencia, ayudándote a encontrar propósito y significado en tus acciones diarias.

Incorporar la meditación en tu rutina diaria es un regalo que te das a ti, creando una vida más equilibrada, plena y conectada. En el mundo acelerado de hoy, meditar es un refugio de calma y un medio para cultivar la paz interior.

En Ayurveda hay un axioma que determina que el *cuerpo daña a la mente y la mente daña al cuerpo* (también se pueden sanar). Es muy importante trabajar la parte mental. La meditación es clave para mantener equilibradas nuestras emociones y nuestra mente y nuestros pensamientos, que ni siquiera son nuestros...

El desarrollo de la consciencia es realmente importante. Estamos hablando de ser más conscientes a la hora de hacer ejercicio, meditar, comer, dormir. Tener una conciencia expandida es clave para poder llevar a cabo todos estos biohacks.

La meditación, cómo se enseña y se aborda habitualmente es una técnica. **El proceso de la meditación** es estar conectado con el momento presente. El resto son técnicas. Estar presente en todos los momentos de tu vida es fundamental para lograr una mayor consciencia y una experiencia más enriquecedora que te permita crecer y evolucionar.

Atención Plena

Una práctica conocida que permite mantenerte en estado de presencia es **"Mindfulness" o "Atención Plena"**. Esta técnica te permite evitar la neurosis de fuga (en la que la mente se escapa sufriendo el pasado y añorando un futuro que aún no llega), anclándote de manera flexible en el momento presente.

Aprende A Respirar

La respiración es uno de los procesos más esenciales y poderosos de tu cuerpo, es como un puente entre tu experiencia física y tu experiencia mental. Cada respiración que tomas influye en tus procesos fisiológicos y mentales, afectando cómo te sientes, cómo piensas y cómo respondes al mundo que te rodea.

Desde el punto de vista **fisiológico**, la respiración adecuada oxigena tus células, mejora la circulación y regula el sistema nervioso. Una respiración profunda y consciente activa tu respuesta de relajación del cuerpo, reduciendo los niveles de estrés y promoviendo un estado de calma. Esto no solo te apoya la salud cardiovascular, sino que también optimiza tu digestión y fortalece tu sistema inmunológico.

En lo **mental**, la respiración es clave para mantener una mente clara y una buena concentración. Al enfocarte en tu respiración, puedes calmar el flujo constante de pensamientos y disminuir la ansiedad. Una respiración lenta y controlada envía señales a tu cerebro de que estás a salvo. Esto reduce la producción de hormonas del estrés -como el cortisol- y te permite pensar con mayor claridad.

Como herramienta de **meditación**, la respiración es un ancla que te mantiene en el presente. Al concentrarte en el ritmo de tu respiración, te desconectas del ruido externo y te adentras en un **espacio de quietud interior.** El simple acto de inhalar y exhalar con atención plena te conecta con el aquí y ahora, abriendo la puerta a una mayor conciencia y paz interior.

La respiración es, en esencia, la base de nuestra existencia y la llave para un bienestar integral. Aprender a respirar conscientemente nos da el poder de influir en nuestros procesos mentales y fisiológicos, permitiéndonos vivir de manera más equilibrada y en sintonía con nosotros mismos.

Desde las prácticas antiguas de sanación y bienestar, se cree que *quien aprende a manejar la respiración aprende a manejar las emociones.*

Una buena respiración precede al mindfulness, precede a la meditación. Cuando logro calmarme, a través de la respiración, puedo calmar mi sistema nervioso.

Eres Un Campo

Tu cuerpo es un complejo sistema energético que emite y responde a campos electromagnéticos. Estos campos son generados por la actividad eléctrica de las células, especialmente en el corazón y el cerebro. Cada latido de tu corazón y cada impulso nervioso envían señales eléctricas que crean pequeños campos electromagnéticos, que influyen en todo el organismo y en tu interacción con el entorno.

El corazón, en particular, genera **el campo electromagnético más fuerte del cuerpo**, extendiéndose varios metros a tu alrededor. Este campo no solo regula las funciones físicas, sino que también se sincroniza con las emociones y estados mentales. Cuando estás en un estado de calma y armonía, el campo electromagnético de tu corazón se vuelve más coherente, lo que crea efectos positivos en tu salud y bienestar general. El estrés o las emociones negativas desorganizan este campo, impactando negativamente tanto en tu cuerpo como en tu mente.

El cerebro también emite ondas electromagnéticas a través de sus diferentes ritmos, como las ondas alfa, beta, theta y delta. Estos ritmos están asociados a distintos estados de conciencia, desde la relajación profunda hasta la concentración intensa. La interacción entre los campos electromagnéticos de tu cerebro y tu corazón es crucial para tu equilibrio emocional y mental.

Como si fuera poco, estos campos electromagnéticos pueden influir y ser influenciados por los campos de otras personas y del entorno. Por eso, es importante ser conscientes de cómo las emociones y pensamientos afectan tu propio campo energético, así como los de quienes te rodean.

Comprender y cuidar los campos electromagnéticos de nuestro cuerpo es esencial para mantener un equilibrio integral. Hay muchas maneras de cuidar y mantener coherente nuestros campos (como meditar, realizar respiración consciente, conectarte con la naturaleza - de lo que aprenderás en profundidad en el próximo apartado) que te ayudarán a armonizarlos, promoviendo una vida más saludable y en sintonía con tu entorno. Te recomendamos probar distintas técnicas para poder descubrir la que más se adapte a ti y la que más disfrutes de realizar.

Coherencia Cardíaca

Una manera muy fácil de devolver la coherencia a este campo del corazón es a través de un ejercicio que se llama **Ejercicio de Coherencia Cardíaca**, que se hace a través de la respiración, a través de la sonrisa y a través de conectar con la gratitud. En el siguiente enlace aprenderás paso a paso cómo lograr la coherencia cardíaca.

https://www.marianaypablo.com/coherencia-cardiaca-ejercicio

Postura de Cook

La postura de Cook es una técnica de integración cerebral que es muy útil para armonizar la actividad de los hemisferios cerebrales, creando un puente entre la mente consciente y el subconsciente. Esta postura, que forma parte de Neurohacking que explicaremos más adelante, puede ayudarte no solo para reducir estrés, sino también para mejorar tu enfoque, tu coordinación y tu capacidad de tomar decisiones.

Cómo se hace:

1. **Encuentra un lugar tranquilo**: Siéntate en una silla y ponte en una posición cómoda donde puedas mantener la espalda recta y el cuerpo relajado.
2. **Cruza los tobillos**: Coloca el tobillo izquierdo sobre el derecho. Esto ayuda a conectar ambos hemisferios cerebrales de manera física, fomentando la coordinación entre ellos.
3. **Cruza las muñecas**: Con las palmas hacia abajo, coloca tu muñeca izquierda sobre la derecha. Luego, gira las muñecas hasta que las palmas de tus manos queden enfrentadas. Por último, entrelaza los dedos de las manos y gíralas hacia adentro para que queden pegadas a tu pecho. Este gesto no solo simboliza la unión de los hemisferios, sino que también promueve la integración emocional y mental.
4. **Relaja tu cuerpo y cierra los ojos**: Cierra los ojos y enfoca tu atención en la respiración, permitiendo que cada inhalación y exhalación sea profunda y suave, pero sin esfuerzo. Siente cómo, con cada respiración, tu cuerpo y mente poco a poco se alinean.
5. **Permanece en esta postura**: Mantén esta posición durante 3 a 5 minutos, o más si lo deseas. Mientras lo haces, visualiza cómo tu

mente se equilibra, permitiendo que el hemisferio izquierdo (lógico, analítico) y el derecho (creativo, intuitivo) trabajen en conjunto.

Beneficios de esta postura:

La postura de Cook te brinda una serie de efectos positivos, tanto a nivel mental como emocional. Al hacerla de forma regular, puedes reconectar con tu esencia, alcanzando un estado de bienestar integral que te permite enfrentar el día a día con mayor equilibrio y paz interior. Éstos son los principales beneficios de practicar la postura:

- **Reducción del estrés**: Esta postura te ayuda a calmar el sistema nervioso, disminuyendo la respuesta de lucha o huida y fomentando un estado de relajación profunda.
- **Mejora de la concentración**: Al armonizar los hemisferios cerebrales, adquieres una mayor claridad mental y un enfoque sostenido, lo que es ideal para momentos de estudio, trabajo o toma de decisiones.
- **Equilibrio emocional**: Ayuda a integrar las emociones, facilitando una respuesta más equilibrada ante situaciones desafiantes.
- **Aumento de la creatividad y la intuición**: Al conectar ambos hemisferios, puedes acceder a un estado mental en el que la lógica y la creatividad se complementan, permitiendo un flujo de ideas más natural y creativo.

https://www.marianaypablo.com/equilibrio-hemisferios-cerebrales

Método R. E. B. A. P.

Otra técnica muy efectiva de relajación es la que se conoce como método **REBAP** (que quiere decir: "reducción del estrés basada en la atención plena"). Esta es una herramienta efectiva para la reducción del estrés, basada en la combinación de respiración consciente y visualización positiva. Las siglas del método REBAP también pueden pensarse como *""Respira, Enfoca, Balancea, Acepta y Proyecta""*, ya que es una práctica que guía a tu mente y tu cuerpo hacia un estado de equilibrio y serenidad. El método consiste en un ejercicio de 30-40 minutos para relajar el cuerpo a través de un escáner corporal tomando conciencia de todo el cuerpo. Puedes comenzar estirando tu cuerpo un ratito en tu cama o en el suelo. Esto te ayuda a que la biología y la parte emocional se empiecen a calmar de a poco.

El método comienza con la respiración consciente, que actúa como ancla para el presente, permitiendo que te enfoques en el aquí y ahora. A medida que inhalas y exhalas profundamente, te conectas con tu centro, balanceando tus emociones y pensamientos. El siguiente paso es aceptar cualquier tensión o estrés que sientas, sin resistirte, solo observándolo. Luego, proyectas una imagen o sentimiento positivo, algo que te brinde paz o alegría, dejando que esa energía fluya a través de ti.

Al practicar REBAP, no solo reduces el estrés de manera efectiva, sino que también cultivas una mayor resiliencia emocional, mejorando tu capacidad para enfrentar desafíos con calma y claridad. Con la práctica diaria podrás mantener un equilibrio interno, promoviendo una vida más plena y consciente.

En el siguiente enlace aprenderás cómo realizar el ejercicio R.E.B.A.P.:

https://www.marianaypablo.com/metodo-rebap

Conexion Natural

La conexión natural te invita a crear una relación armoniosa y respetuosa con tu entorno, tus comunidades y, lo más importante, con tu propio cuerpo. Esta conexión te permite aprovechar y comprender los procesos biológicos que se desarrollan dentro de ti, optimizando así tu salud y bienestar de manera integral.

Al cultivar una relación más profunda y consciente con tu cuerpo, puedes interpretar mejor sus señales, especialmente cuando algo no está en equilibrio. En Ayurveda, no se habla de enfermedades, sino de desequilibrios. Desarrollando esta conciencia cuerpo-mente, puedes identificar estos desequilibrios antes de que se manifiesten como dolor o malestar, lo que te permite tomar decisiones proactivas y preventivas para cuidar tu salud de manera más efectiva y compasiva.

Estar en contacto con la naturaleza es una parte crucial de esta conexión. Pasar tiempo al aire libre, entre árboles, aire fresco y luz solar, no solo te reconecta con la esencia de lo que eres, sino que también ayuda a regular los ritmos biológicos, mejora tu estado de ánimo y reduce el estrés. La naturaleza actúa como un recordatorio constante de que eres parte de un todo más grande, y que las prácticas de salud deben alinearse con estos ciclos naturales para ser verdaderamente efectivas.

Además, puedes adoptar un enfoque holístico de la vida. En lugar de recurrir a soluciones rápidas o artificiales, te alineas con la naturaleza, promoviendo un cambio de vida profundo y duradero. Cuando vives en sintonía con los ritmos de la naturaleza, tus **decisiones de salud se vuelven más intuitivas y sostenibles**. Como dice el dicho, *""vale más prevenir que curar""* o el que más nos gusta: **"vale más un gramo de prevención que un kilo de cura"**. Esto no solo nos ayuda a comprender mejor nuestras propias emociones y estados físicos, sino que también mejora nuestra relación con todo lo que nos rodea, fomentando una vida más equilibrada y plena.

Los problemas graves comenzaron cuando dejamos de cooperar con la naturaleza y empezamos a competir y atentar contra ella.

Estar en sintonía con tu cuerpo, reconociendo que eres parte de la naturaleza, es esencial para el biohacking. Este concepto tira finalmente por la borda el pensamiento de que "BioHacking" es sólo el uso de la tecnología para el desarrollo de la salud sin tener en cuenta que somos parte de un ecosistema natural.

La conexión natural es una invitación a volver a lo básico, a redescubrir la simplicidad y la sabiduría de la naturaleza en cada aspecto de tu vida. Al hacerlo, no sólo optimizas tu salud, sino que también nutres tu alma y fortalecemos tu vínculo con el mundo que nos rodea.

Hacks para tener una mayor conexión natural:

Grounding / Earthing

El simple acto de caminar descalzo sobre la tierra tiene un impacto profundo en nuestra salud, ayudando a equilibrar la energía del cuerpo y a reconectar con la energía natural del planeta.

El grounding, también conocido como *earthing*, es la práctica de conectar físicamente con la Tierra, ya sea caminando descalzo sobre superficies naturales como tierra, césped, arena o agua o también con la famosa práctica de abrazar un árbol. Este simple acto tiene una serie de beneficios profundos para la salud, gracias a su capacidad para equilibrar los ritmos circadianos, facilitar la descarga de electrones y ofrecer un potente efecto antiinflamatorio.

Uno de los principales beneficios del grounding es que permite equilibrar los ritmos circadianos, que son los ciclos naturales de sueño y vigilia que regulan muchas de las funciones biológicas del cuerpo. Al reconectarte con la energía de la Tierra, ayudas a sincronizar estos ritmos, lo que mejora considerablemente la calidad del sueño, aumentando los niveles de energía durante el día y promoviendo un estado de ánimo más estable.

Otro beneficio clave del grounding es que facilita la descarga de electrones libres desde la Tierra hacia nuestro cuerpo. Estos electrones actúan como potentes antioxidantes que neutralizan los radicales libres, estas moléculas inestables que dañan tus células y contribuyen al envejecimiento además de enfermedades crónicas. El flujo de electrones también ayuda a estabilizar el entorno eléctrico interno de tu cuerpo, lo que es esencial para el buen funcionamiento de tus sistemas biológicos.

Otro beneficio crucial del grounding es su poderoso efecto antiinflamatorio. Te invitamos a que busques en la WEB fotos de los estudios clínicos que muestran el antes y el después de personas que han practicado grounding durante un tiempo estimado.

La inflamación crónica es una de las principales causas subyacentes de muchas enfermedades modernas, como la diabetes, las enfermedades cardíacas y el cáncer. Al conectarte con la Tierra, reduces significativamente los marcadores de inflamación en tu cuerpo, ayudando a aliviar el dolor, acelerar la curación y mejorar la salud general.

El grounding no solo es una manera natural y sencilla de restaurar el equilibrio en tu cuerpo, sino que también te reconecta con el mundo natural y te recuerda la importancia de vivir en armonía con los ritmos de la Tierra para alcanzar un bienestar integral.

Te recomendamos el documental "The Earthing Movie" que puedes ver en GAIA htttps://www.marianaypablo.com/gaia-promo

El Poder Del Sol

Además del Grounding o Earthing, estar en contacto con el sol es una de las prácticas más poderosas y naturales para mejorar nuestra salud y bienestar. La exposición al sol no solo nos proporciona **vitamina D**, que es esencial para la salud ósea y el sistema inmunológico, sino que también juega un papel crucial en la regulación de nuestros ritmos circadianos, la producción de melatonina y el equilibrio emocional.

Uno de los beneficios más importantes de la exposición al sol es su capacidad para regular los **ritmos circadianos**, que son los ciclos de 24 horas que gobiernan nuestro sueño, energía y muchas otras funciones biológicas. Al recibir luz solar, especialmente en las primeras horas de la mañana, se envían señales a nuestro cerebro para reajustar nuestro reloj interno, ayudando a mantener un ciclo de sueño-vigilia regular. Esto no solo mejora la calidad del sueño, sino que además incrementa los niveles de energía y concentración durante el día.

Mirar al sol con los ojos cerrados, especialmente al amanecer o al atardecer, es otra práctica beneficiosa. Esta técnica, conocida como **sunning**, permite que la luz suave del sol estimule la glándula pineal, una pequeña glándula en el cerebro que regula la producción de melatonina, la hormona que induce el sueño. Al mirar el sol con tus ojos cerrados, absorbes la energía solar sin dañar tus ojos, lo que te ayuda a mejorar tu estado de ánimo, reducir el estrés y promover una sensación general de bienestar.

Los beneficios de mirar el amanecer y el anochecer van más allá de la simple contemplación de un paisaje hermoso. Durante estos momentos del día, la luz solar rica en tonos rojos y naranjas ayuda a calibrar los ritmos circadianos de manera más efectiva. La luz del amanecer, en particular, actúa como un despertador natural, enviando una señal al cuerpo de que es hora de estar alerta y activo. Por otro lado, la luz suave del atardecer prepara el cuerpo para el descanso, promoviendo la producción de melatonina y facilitando un sueño reparador. El amanecer es el día en potencia y el anochecer es la noche en potencia. Entonces, conectamos con esa energía que recién empieza para poder llenarnos de energía o para eliminar la energía que está en exceso.

La **regulación de la melatonina** es uno de los aspectos más importantes de la exposición al sol. Esta hormona, que se produce en respuesta a la oscuridad, es clave para inducir el sueño y regular los ciclos de sueño-vigilia. La exposición a la luz solar durante el día, especialmente durante la mañana, suprime la producción de melatonina, manteniéndonos despiertos y alertas. Luego, a medida que se acerca la noche y disminuye la luz solar, la producción de melatonina aumenta, ayudando a preparar el cuerpo para el sueño. Este ciclo natural es esencial para un sueño de calidad y para la prevención de trastornos del sueño, como el insomnio.

Estar en contacto con el sol es fundamental para mantener un equilibrio óptimo en nuestros ritmos biológicos y emocionales. Ya sea absorbiendo la luz del amanecer, practicando *sunning* con los ojos cerrados, o simplemente pasando tiempo al aire libre, la luz solar te ofrece una forma natural y efectiva de mejorar tu salud y bienestar.

Luego de la práctica de sunning, es ideal realizar *Palming*:

El palming es una técnica sencilla y efectiva utilizada para relajar los ojos y la mente. Consiste en cubrirte suavemente los ojos con las palmas de las manos, bloqueando la luz y permitiendo que los ojos descansen en completa oscuridad. Esta práctica ayuda a descansar la visión, los ojos cansados, los ojos rojos, reduce la tensión ocular, alivia la fatiga visual y puede mejorar la concentración. Puedes practicar palming 3 veces al día, entre 6 y 10 minutos. Además, el palming ayuda a relajar la mente, promoviendo un estado de calma y bienestar general. Es especialmente útil para quienes pasan mucho tiempo frente a pantallas o realizan actividades que exigen un esfuerzo visual prolongado. Esta técnica súper sencilla puede practicarse independientemente del momento del día y es muy recomendable luego de haber pasado tiempo frente al monitor o alguna pantalla o si estás con cansancio ocular o mental.

Alejarse de la naturaleza y perder esa conexión esencial con nuestro entorno natural tiene profundas repercusiones en la salud mental y física. En lo mental, se genera un aumento del estrés, ansiedad y depresión, sintiéndonos más ansiosos, estresados y desconectados, ya que la naturaleza actúa como un refugio que nos ayuda a encontrar calma y equilibrio. Sin ella, la mente puede volverse más dispersa, afectando nuestra capacidad de concentración y creatividad.

Físicamente, la falta de contacto con la naturaleza nos debilita. La ausencia de aire fresco, luz natural y movimiento al aire libre puede crear problemas como insomnio, un sistema inmunológico más débil e incluso a sentirnos más cansados o agotados. Nuestro cuerpo necesita la naturaleza tanto como nuestra mente, y alejarnos de ella significa perder una fuente vital de salud y bienestar. Como mencionamos anteriormente, Ayurveda dice que la enfermedad aparece cuando nos alejamos de la naturaleza…

Si nos alejamos, nos enfermamos. Si nos acercamos, nos curamos.

Prueba hacer gounding y sunning por unos minutos, respira profundo, relájate, y verás cómo te sientes. Pruébalo y luego nos cuentas. Recuerda que puedes compartir tus experiencias en tus redes sociales con el hashtag **#TRANSFORMACIONTOTAL** .

Otra manera de conectarte con la naturaleza es cultivar un jardín. Sabemos que podrías pensar: "No, no voy a hacer una huerta, no tengo lugar". Pero hoy en día, puedes crear una huerta incluso viviendo en un departamento. Las puedes hacer en macetas, o en tan solo un metro cuadrado, y ese pequeño espacio puede alimentar a una familia (¿te parece imposible? La permacultura indica lo contrario).

Necesitamos conectarnos con la tierra y con nuestra comida. La comida que consumimos hoy en día no siempre es de la mejor calidad; está llena de pesticidas y toxinas que no benefician nuestra salud. Por eso, aprovechar un momento para cultivar algo, aunque sea una pequeña planta de tomate o una hierba aromática, puede hacer una gran diferencia. El sabor que aportará a tus comidas será único, cargado de la energía y vibración de algo que tú mismo cultivaste. Es realmente importante, no es una pequeñez. Así que, si puedes, conéctate con la idea de crear una huerta o un espacio de conexión con la naturaleza en tu hogar.

Comunidades Sanas

Cultivar buenas relaciones y formar parte de una comunidad activa es esencial para un bienestar físico y mental. Las conexiones humanas brindan apoyo, sentido de pertenencia y propósito, que son elementos clave para una vida plena y feliz. Existen regiones del mundo donde las personas viven significativamente más tiempo y en mejor salud llamadas **Zonas Azules**. Estudios sobre estas Zonas Azules muestran que uno de los factores comunes en estos lugares es la importancia de las relaciones sanas y la comunidad. Hay cinco Zonas Azules reconocidas:

1. **Okinawa, Japón**: Ubicada en el sur de Japón, Okinawa es famosa por tener una alta concentración de personas de más de 100 años. Las personas en Okinawa tienen una dieta muy completa, actividad física constante y un fuerte sentido de comunidad.
2. **Cerdeña, Italia**: En la región montañosa de Barbagia, en la isla de Cerdeña, se encuentra una de las tasas más altas de longevidad masculina en el mundo. Los habitantes siguen una dieta mediterránea y mantienen una vida físicamente activa.
3. **Icaria, Grecia**: Esta isla en el mar Egeo tiene una de las tasas más bajas de demencia y enfermedades cardíacas en el mundo. La dieta rica en aceite de oliva, vegetales, y el estilo de vida relajado contribuyen a la longevidad.

4. **Nicoya, Costa Rica**: La península de Nicoya es conocida por su alto número de personas que viven hasta edades avanzadas. En esta región, las personas poseen un fuerte sentido de propósito en la vida.
5. **Loma Linda, California, Estados Unidos**: Esta comunidad tiene una expectativa de vida notablemente alta. Los hábitos saludables, como una dieta equilibrada, la abstinencia del alcohol y tabaco, y la participación de actividades espirituales.

En estas zonas, las personas tienen fuertes lazos sociales y participan activamente en sus comunidades, lo que les proporciona un sólido apoyo emocional y una red de cuidados mutuos. Este sentido de pertenencia reduce el estrés, disminuye el riesgo de enfermedades cardíacas y fortalece el sistema inmunológico. Las interacciones regulares y significativas con otros mejoran la salud mental, fomentando la longevidad y la calidad de vida. Así, al cultivar relaciones y ser parte de una comunidad, no solo nutrimos nuestra alma, sino que también fortalecemos nuestro cuerpo y mente. **Te invitamos a hacer del lugar en donde vives una nueva zona azul.**

Si te interesa conocer más, te recomendamos el documental de Netflix llamado "Vivir 100 años: Los secretos de las zonas azules".

Eres el resultado de las cinco personas con las que más tiempo pasas.

Somos el resultado de las cinco personas con las que más interactuamos. ¿Qué significa esto? Si nuestra comunidad es complicada o desafiante, es fundamental esforzarnos por crear un entorno más saludable y armonioso. Esa comunidad puede ser nuestra familia, amigos o incluso un grupo con el que compartimos el servicio a los demás.

Hay quienes encuentran en el servicio una forma de construir una comunidad próspera y llena de amor. Las Zonas Azules tienen algo en común: una alimentación equilibrada, buen descanso y, sobre todo, una comunidad sana y unida. Sin comunidad, se pierde el propósito, el amor, la compañía y la oportunidad de servir. Por eso, es esencial que busquemos y cultivemos una comunidad que nos nutra y sane.

Hormesis: lo que no te mata, te hace mas fuerte

La hormesis es el principio que sostiene que dosis bajas o moderadas de estrés o estímulos no sólo no perjudican a nuestro organismo, sino que pueden tener efectos beneficiosos en él, mejorando nuestra salud. La hormesis utiliza la exposición controlada a estímulos desafiantes como una estrategia para optimizar el rendimiento y fortalecer el cuerpo.

Un ejemplo claro es el ejercicio físico. Al realizar entrenamiento con pesas, sometemos al cuerpo a un estrés que provoca la rotura de fibras musculares, pero estas se regeneran más fuertes, lo que mejora nuestra fuerza y resistencia. Este tipo de estrés, aunque desafiante, es beneficioso para la salud.

Otras formas de hormesis incluyen la exposición controlada al frío y al calor, así como la práctica del ayuno intermitente (que te contamos en capítulos anteriores), que también genera un estrés positivo en el cuerpo, promoviendo la regeneración y el bienestar general.

Antes de contarte las prácticas horméticas más efectivas queremos compartirte un concepto vital que es **Ahimsa**. Ahimsa es uno de los principios fundamentales del Yoga, el Ayurveda y las enseñanzas védicas, significa "no violencia" o "no dañar". Sin embargo, su esencia va mucho más allá de evitar el daño físico a otros; implica vivir con respeto, compasión y cuidado, tanto hacia los demás como hacia uno mismo. Practicar ahimsa en nuestra vida diaria nos invita a ser conscientes de cómo nos tratamos internamente, cómo nos hablamos, y cómo cuidamos nuestro cuerpo y mente.

Un ejemplo de ahimsa hacia uno mismo es ser amable y paciente cuando cometemos errores, evitando la autocrítica destructiva. En lugar de juzgarnos, podemos tratarnos con comprensión, viendo el error como una oportunidad de aprendizaje. Otra forma de practicar ahimsa es cuidar nuestro cuerpo, alimentándonos con comida que nos nutra y escuchando nuestras necesidades físicas y emocionales, descansando cuando lo necesitamos y creando momentos de paz en nuestro día. Ahimsa nos recuerda que la verdadera compasión empieza dentro de nosotros, y solo cuando nos tratamos con amor y respeto podemos extenderlo plenamente a los demás.

Exposición al frío

La ducha fría y la inmersión en agua helada, promovida mundialmente por **Wim Hof**, conocido como "el hombre de hielo", se ha vuelto muy popular gracias a los numerosos beneficios que ofrece. Aunque al principio puede parecer un shock para el cuerpo, los beneficios valen el esfuerzo.

Comencé a practicarla hace unos meses, y aunque al principio dudaba debido al frío, la experiencia ha sido transformadora. Una vez que el cuerpo se acostumbra, la ducha fría activa el sistema circulatorio, pudiendo reducir la frecuencia cardíaca hasta en 20 puntos, lo que aligera la carga del corazón a lo largo del día. Además, fortalece el sistema inmunológico, mejora el metabolismo y ayuda en la pérdida de peso.

Para empezar, se recomienda hacerlo gradualmente. Comienza con una ducha tibia por la mañana, y luego reduce lentamente la temperatura. El primer día, prueba con 15 segundos de agua fría, y aumenta el tiempo cada semana hasta llegar a entre 2 y 5 minutos. Los beneficios son asombrosos, incluso para quienes odiamos (u odiábamos) el frío.

Si no te atreves a sumergirte por completo, puedes comenzar sumergiendo tu rostro en un recipiente con agua fría y hielo, lo cual también mejora la producción de colágeno, la elasticidad de la piel y reduce las arrugas. Te invitamos a probarlo y descubrir cómo cambia tu energía y tu biología. Como te contamos anteriormente, cualquier duda, consulta con tu médico antes de abordar esta técnica.

Ejercicio HIIT

El HIIT, o entrenamiento en intervalos de alta intensidad, es una forma de ejercicio que combina ráfagas breves y potentes de actividad física con periodos cortos de descanso o actividad de menor intensidad. Este tipo de entrenamiento es muy eficaz porque te permite obtener grandes beneficios en menos tiempo comparado con otras formas de ejercicio más tradicionales. El HIIT es una forma poderosa de ejercicio que beneficia tanto al cuerpo como a la mente, ayudándote a mantenerte en forma, saludable y mentalmente equilibrado, todo en un corto período de tiempo.

Además de los beneficios físicos, el HIIT tiene un impacto positivo en la mente. Estudios han demostrado que este tipo de entrenamiento reduce los niveles de estrés y mejora tu estado de ánimo. También es ideal para quienes buscan mantenerse activos pero tienen poco tiempo, ya que una sesión efectiva puede durar tan solo 15 o 20 minutos.

En el capítulo sobre movimiento te explicamos más en detalle sobre este tipo de entrenamiento.

Sauna

El sauna de infrarrojos es una opción ideal por cómo actúa en el cuerpo. A diferencia del calor tradicional que calienta el aire a tu alrededor, el calor infrarrojo penetra profundamente en la piel, generando un efecto desde el interior hacia el exterior. Esto no solo favorece la desintoxicación y la eliminación de metales pesados, sino que también ayuda en la pérdida de peso, mejora la salud cardiovascular, embellece la piel y promueve la relajación.

Lo ideal es usar el sauna infrarrojo a diario durante 15 minutos. Si esto no es posible, hacerlo una o dos veces por semana sigue siendo excelente. Incluso en saunas tradicionales, donde el calor actúa de manera diferente, es recomendable no exceder los 15 minutos por sesión.

La supervisión médica es clave, especialmente si eliges realizar prácticas más intensas. Es fundamental consultar con profesionales de la salud que estén al día con los avances médicos. Es importante elegir médicos y terapeutas que se mantengan en constante actualización para garantizar que recibas el mejor cuidado posible.

Este enfoque es crucial para sacar el máximo provecho del sauna infrarrojo y otras terapias, asegurando que tu bienestar esté en manos de expertos que comprenden las últimas tendencias y conocimientos en salud.

Suplementos

En el mundo del biohacking, la correcta suplementación alimentaria es un pilar fundamental para optimizar tu salud y bienestar. A medida que exploras formas de mejorar tu rendimiento físico y mental, te darás cuenta de que **los alimentos que consumes a menudo no proporcionan todos los nutrientes esenciales que el cuerpo necesita para funcionar al máximo**. Aquí es donde entra en juego la suplementación que no solo ayuda a cubrir las deficiencias nutricionales, sino que también protege a tu cuerpo de los efectos nocivos de los alimentos tóxicos y procesados. Al complementar tu dieta con los nutrientes adecuados, puedes mejorar tu rendimiento físico y mental, fortalecer tu sistema inmunológico y promover una salud duradera.

¿Por qué es importante la suplementación?

¿Por qué es importante añadir suplementos a tu vida diaria? En primer lugar, para complementar nutrientes clave que son difíciles de obtener en las cantidades que el cuerpo necesita. Puede que pienses: "¡Oh, pero el brócoli tiene esas cosas!". Sí, pero puede que sea pobre en comparación con lo que tu cuerpo necesita para estar realmente bien o no está biodisponible (tu cuerpo no logra absorberlo de manera correcta y completa). Entonces, los suplementos ayudan precisamente a rellenar esos huecos que tenemos. También, te ayudan a mejorar la salud y el rendimiento. Esto es muy importante, porque hay suplementos específicos que van dirigidos a objetivos concretos, y que te ayudan, por ejemplo, a desarrollar un mayor rendimiento físico, o a un mayor rendimiento cognitivo, o a un bienestar general. Otro dato muy importante es la personalización: cada persona es única y requiere de un abordaje específico. Recuerda la importancia de reconocer tu **bioindividualidad**: lo que tu necesitas probablemente sea distinto a lo que otra persona necesita y viceversa.

Lamentablemente, en muchísimas ocasiones, los nutricionistas ofrecen dietas generales, pero la dieta no es para todo el mundo. **No todas las dietas son para todo el mundo.** Y no deberías hacer dieta... Cambiar tus hábitos, rutinas diarias y alimentarte con comida real es lo mejor que puedes hacer para estar mejor. Y repetimos: alimento es todo lo que ingresa por los sentidos.

Toda dieta está destinada al fracaso...

Es importante entender cómo responde el cuerpo de cada uno de nosotros a los diferentes tipos de alimentos. **¿Qué necesitas hoy para estar bien?** No para todo el mundo, para ti. Esta pregunta es clave para entender qué necesitas y qué te falta para estar bien. Puedes preguntarte también en qué momento de la vida estás, qué estás haciendo, en qué estás gastando tu energía.

Como ya sabes, **el objetivo del biohacking es maximizar la eficiencia del cuerpo y la mente**, y una nutrición adecuada es clave para lograrlo. Sin embargo, debido a factores como la disminución de nutrientes en los suelos agrícolas, el uso excesivo de pesticidas y la manipulación genética de los alimentos, los productos que compramos hoy en día no son tan nutritivos como eran hace 50 o 70 años atrás. Lamentablemente, ya no tenemos acceso a las comidas que hacía la abuela o que comían nuestros padres.

Toxicidad de los alimentos comprados y procesados

Los alimentos procesados suelen contener altos niveles de azúcar, grasas trans, sodio y aditivos artificiales que son perjudiciales para tu salud. Estos ingredientes causan inflamación, aumentan el riesgo de enfermedades crónicas como la diabetes y enfermedades cardíacas, y afectan negativamente la función cognitiva. Además, los residuos de pesticidas y otros contaminantes presentes en los alimentos convencionales se acumulan en el cuerpo con el tiempo, afectando la salud hormonal y el sistema inmunológico.

Suplementos necesarios para una buena salud general

Para contrarrestar estas deficiencias y protegernos de las toxinas, la suplementación correcta es fundamental. Aquí te compartimos una breve lista de los suplementos esenciales:

Multivitamínicos: Aseguran que obtengas una base sólida de vitaminas y minerales esenciales que pueden estar faltando en tu dieta diaria.

Omega-3: Los ácidos grasos Omega-3 son cruciales para la salud cerebral, cardiovascular y para reducir la inflamación en el cuerpo.

Vitamina D: Es vital para la salud ósea, el sistema inmunológico y el equilibrio hormonal. La mayoría de las personas tienen deficiencia de esta vitamina, especialmente en climas con menos exposición solar. Se estima que el 80-85% de la población mundial está carente de esta vitamina D, que es esencial.

Magnesio: Este mineral es necesario para más de 300 reacciones bioquímicas en el cuerpo, incluyendo la función muscular, la regulación del azúcar en la sangre y la presión arterial.

Potasio: Fundamental para la función nerviosa y muscular, el equilibrio de fluidos y la presión arterial. La deficiencia de potasio puede llevar a problemas cardiovasculares y debilidad muscular.

Ashwagandha: Es una hierba adaptógena, utilizada mucho en el Ayurveda y es conocida por su capacidad para reducir el estrés, mejorar la función cognitiva, equilibrar las hormonas y fortalecer el sistema inmunológico.

Triphala: Un remedio tradicional ayurvédico que apoya la digestión, desintoxica el cuerpo y promueve la longevidad. Además, es una fuente rica de antioxidantes.

Probióticos: Mantienen el equilibrio de la microbiota intestinal, lo que es crucial para la digestión, la absorción de nutrientes y el sistema inmunológico.

Antioxidantes: Como la vitamina C y la vitamina E, ayudan a combatir el estrés oxidativo y los radicales libres, que pueden dañar las células y contribuir al envejecimiento y las enfermedades crónicas.

Cúrcuma: La cúrcuma, conocida por su potente compuesto activo llamado curcumina, es una especia milenaria con poderosos beneficios para la salud. Su capacidad antiinflamatoria y antioxidante la convierte en una aliada clave para combatir el estrés oxidativo, reducir la inflamación crónica y proteger el cuerpo frente a enfermedades degenerativas. Además, la cúrcuma apoya la salud digestiva, promueve la desintoxicación hepática y mejora la función inmunológica. También se ha estudiado su potencial para mejorar la salud cerebral y prevenir trastornos neurodegenerativos, como el Alzheimer.

Jengibre: El jengibre es una raíz con múltiples beneficios para la salud. Es antiinflamatoria, antioxidante y digestiva. Ayuda a aliviar problemas gastrointestinales, como la indigestión, las náuseas y los mareos, haciéndola ideal para calmar el estómago y mejorar la digestión. Además, el jengibre es un potente antiinflamatorio natural, ya que reduce el dolor muscular y articular, y favorece la recuperación en casos de inflamación crónica. También promueve la salud cardiovascular, ya que mejora la circulación sanguínea y regula los niveles de colesterol y azúcar en sangre. Al ser antioxidante protege al cuerpo del estrés oxidativo, fortaleciendo el sistema inmunológico y ayudando a prevenir enfermedades degenerativas.

Estos son simplemente algunos de los suplementos que hemos probado y podemos recomendar por su beneficio a corto y largo plazo, existen muchos más. Te recomendamos que profundices continues la búsqueda de los suplementos que tu cuerpo necesita.

Recordá consultar con un médico informado y actualizado.

https://www.marianaypablo.com/suplementos-recomendados

Gadgets

Los gadgets son dispositivos tecnológicos portátiles o herramientas que recopilan, miden y analizan datos relacionados con tu cuerpo y con el estado de tu salud. Estos gadgets incluyen dispositivos como relojes inteligentes, rastreadores de actividad física, sensores de sueño, monitores de frecuencia cardíaca, medidores de glucosa en sangre, y anillos inteligentes, y otros dispositivos que recopilan y analizan datos biométricos.

Los gadgets son fundamentales porque proporcionan información en tiempo real sobre procesos corporales, como la calidad de tu sueño, los niveles de estrés o el estado de la glucosa, y se utilizan para monitorizar, mejorar o modificar diferentes aspectos de nuestro cuerpo. Recordá, *lo que no se mide, no se puede corregir...*

Además, te permiten ajustar tu estilo de vida de manera precisa para optimizar tu salud, rendimiento físico y mental.

Dispositivos De Monitorización De La Actividad Física

Este es un tipo de gadget que puede ayudarte muchísimo. ¿Por qué? Porque son los relojes inteligentes, "Smartwatches" o pulseras de actividad, que lo que hacen es registrar todos los datos que consiguen de nuestro cuerpo. Por ejemplo, la frecuencia cardíaca, la actividad física, el sueño, las calorías quemadas, el vo2 max, etc.

Este tipo de gadgets te ayuda a tomar conciencia de cómo estamos físicamente, y a optimizar el ejercicio, el descanso y otros marcadores.

Hoy en día hay muchos modelos de relojes de las principales marcas y también se han sumado los anillos inteligentes. Son más cómodos de usar y los puedes usar durante todo el día (en su justa medida…)

Monitor De Glucosa

Los monitores de glucosa son dispositivos que nos ayudan a medir los niveles de glucosa (osea, el azúcar) en sangre de forma continua.

Esto ayuda mucho a saber qué alimentos nos suben la glucosa. La subida de glucosa ocurre principalmente después de consumir alimentos ricos en carbohidratos y almidones, como pan, pasta, dulces o frutas. Estos alimentos se descomponen en glucosa durante la digestión y provoca que el páncreas libere insulina para ayudar a las células a absorber la glucosa. Estrés, falta de ejercicio o enfermedades también pueden elevar los niveles de glucosa al alterar el metabolismo o la respuesta del cuerpo a la insulina.

Cada persona es un mundo diferente y hay alimentos que pueden ser nocivos para ti, pero no para otra persona. Por eso es vital poder comenzar a conocerte y reconocer qué alimentos son perjudiciales para tu salud para tratar de eliminarlos o reducirlos lo más que puedas. Hoy en día, a estos alimentos se les denomina "alimentos agresores". La mejor forma de descubrirlos es con este tipo de monitores.

Cuando mides tu glucosa utilizando alguno de los métodos conocidos (parche o tiras reactivas) y se produce un pico muy grande después de una comida, puedes identificar qué alimento te está perjudicando. Es un excelente biomarcador para ver qué te está haciendo daño. Los picos de glucosa son avisos del cuerpo de que lo que entró al organismo no te está haciendo del todo bien.

Luz Infrarroja

La luz infrarroja te ayuda a potenciar tu salud de manera profunda y natural. Al penetrar en los tejidos, promueve la regeneración celular, lo que acelera tu recuperación física y alivia dolores musculares y articulares. Además, mejora la circulación, favoreciendo la desintoxicación de tu cuerpo y la oxigenación de cada célula. No solo eso, también estimula la producción de colágeno, haciendo que nuestra piel se vea más luminosa y joven. En cuanto al bienestar emocional, la luz infrarroja contribuye a reducir el estrés, mejorar el ánimo y equilibrar el ciclo del sueño, vital para sentirnos con energía y claridad mental cada día.

Blue Blockers o Bloqueadores de Luz Azul

Los anteojos blue blockers son otra herramienta clave diseñada para filtrar la luz azul que emiten las pantallas, luces LED y dispositivos electrónicos, protegiendo nuestros ojos y nuestro ritmo circadiano. La luz azul, especialmente durante las horas de la noche, interfiere con la producción de melatonina, la hormona que regula el sueño, lo que puede llevar a insomnio y fatiga crónica. Al usar estos anteojos, se optimiza la calidad de tu sueño, reduciendo los efectos del cansancio visual y se previene el daño ocular a largo plazo.

Existen diferentes tipos de lentes blue blockers, que varían según el color del filtro. Los anteojos de color amarillo bloquean parte de la luz azul, siendo ideales para su uso durante el día, ya que protegen los ojos de la fatiga sin afectar la visión de colores ni la exposición al sol. Los de color naranja son más efectivos en bloquear una mayor cantidad de luz azul y se recomiendan para la tarde-noche, ayudando a preparar el cuerpo para el descanso. Finalmente, los de color rojo son los más potentes y están diseñados para ser usados justo antes de dormir, bloqueando casi toda la luz azul y verde, lo que maximiza la producción de melatonina y favorece un sueño profundo y reparador. Adaptar el uso de cada tipo de lente según el momento del día puede marcar una gran diferencia en el bienestar, mejorando no solo el descanso, sino también la energía y el enfoque mental.

https://www.marianaypablo.com/anteojos-blue-blockers

Dispositivos Bloqueadores de Radiación

Los dispositivos de protección contra los campos electromagnéticos (o **EMPF**) son una herramienta esencial dentro del biohacking para minimizar la exposición a las radiaciones electromagnéticas emitidas por dispositivos electrónicos como teléfonos móviles, routers Wi-Fi, y electrodomésticos. Estas radiaciones, aunque invisibles, pueden tener un impacto en nuestro bienestar, afectando desde el sistema nervioso hasta la calidad del sueño, la concentración y la salud celular a largo plazo.

Los aparatos **EMPF** están diseñados para bloquear o reducir significativamente esta radiación, creando un campo protector que minimiza la interferencia electromagnética en nuestro cuerpo. Al usar estos dispositivos, se puede mejorar la calidad del sueño, reducir el estrés causado por la sobreexposición a dispositivos electrónicos y disminuir la fatiga mental, optimizando así el rendimiento cognitivo. Algunos aparatos utilizan tecnologías como escudos de materiales conductivos o chips que neutralizan los efectos nocivos de las ondas electromagnéticas. Esto permite un uso más seguro de la tecnología, manteniendo el balance entre los avances tecnológicos y nuestra salud física y mental. Para quienes buscan un enfoque integral de bienestar, incorporar estos aparatos es clave para mantener un entorno más saludable y libre de radiación. La solución más económica, es estar la menor cantidad de tiempo posible frente a este tipo de tecnología y más tiempo en la naturaleza...

Filtros de Agua y Aire

Los filtros de agua y aire son esenciales en cualquier estrategia de biohacking que busque optimizar la salud desde una perspectiva integral. La calidad del agua y del aire que consumimos influye directamente en nuestro bienestar físico, mental y emocional, y asegurar su pureza puede marcar una gran diferencia en nuestro rendimiento y longevidad.

Filtros de agua: El agua que bebemos suele estar contaminada con metales pesados, pesticidas, cloro y otros químicos que, a largo plazo, pueden afectar nuestros órganos y sistemas (*si querés asustarte, relee la parte de las toxinas que se encuentran en el agua y aire en capítulos anteriores*). Utilizar filtros de agua de alta calidad permite eliminar estos contaminantes, garantizando que consumimos agua limpia y pura. Esto mejora la hidratación celular, optimiza la función renal y hepática, y apoya el equilibrio del pH en el cuerpo, vital para mantener un estado alcalino y reducir la inflamación. Además, el agua filtrada favorece la absorción de nutrientes y minerales, mejorando el rendimiento físico y mental.

Filtros de aire: La contaminación del aire en los espacios cerrados es un problema cada vez más reconocido, con partículas de polvo, moho, alérgenos y sustancias químicas volátiles que afectan la calidad del aire que respiramos. Los filtros de aire, especialmente aquellos con tecnología HEPA o de ionización, son capaces de eliminar estas partículas nocivas, promoviendo una mejor respiración y reduciendo el riesgo de problemas respiratorios, alergias y fatiga. Respirar aire limpio también oxigena mejor nuestras células, mejora la concentración y nos ayuda a sentirnos más enérgicos y claros mentalmente.

Incorporar filtros de agua y aire en nuestra vida diaria no solo nos protege de toxinas ambientales, sino que también potencia nuestra capacidad de rendimiento, regeneración celular y bienestar general.

https://www.marianaypablo.com/mejores-gadgets

Las Mejores APPS para Biohacking

La tecnología ha acelerado el proceso de mejora de manera drástica. Hoy en día existen apps que te permiten optimizar tu salud, rendimiento y bienestar desde la comodidad de tu teléfono. Estas herramientas están diseñadas para ayudarte a medir, controlar y mejorar diversos aspectos de tu biología, desde la calidad del sueño hasta la gestión del estrés y el estado físico. Con la información adecuada, puedes tomar decisiones más conscientes sobre tu cuerpo y mente, maximizando tus niveles de energía, productividad y longevidad.

Te compartimos cinco apps de biohacking y sus beneficios:

1. **Ultrahuman ring**

Esta app, combinada con un anillo de seguimiento, es perfecta para quienes buscan optimizar su sueño y ritmo circadiano. Ultrahuman ring monitorea la calidad del sueño, la actividad física y la recuperación, proporcionando métricas detalladas que permiten ajustar hábitos diarios para mejorar el descanso y rendimiento.

2. Brain.fm

Diseñada para hackear tu cerebro a través del sonido, esta app utiliza música basada en inteligencia artificial para mejorar la concentración, la relajación y el sueño. Es ideal para aquellos que desean entrar en un estado de flujo, meditar de forma profunda o descansar mejor, todo basado en ciencia.

3. Heads Up Health

Una plataforma que integra múltiples datos biométricos, como niveles de glucosa, cetonas y presión arterial, ofreciendo una visión clara de la salud metabólica. Esta app es invaluable para quienes siguen dietas cetogénicas, practican ayuno intermitente o buscan un mayor control de su salud metabólica.

4. Muse

Esta app, en conjunto con una banda para la cabeza, ofrece retroalimentación en tiempo real sobre la actividad cerebral durante la meditación. Es excelente para quienes quieren medir el progreso de su práctica meditativa, reduciendo el estrés y mejorando el enfoque mental.

5. Zero

Ideal para los biohackers interesados en el ayuno intermitente, Zero te ayuda a planificar, monitorear y analizar tus ventanas de ayuno y alimentación. La app ofrece información personalizada, adaptada a tus objetivos y salud, permitiendo mejorar la energía, la longevidad y el metabolismo.

6. F.lux

Nadie pretende que la gente deje de usar la pc o celulares cuando ya es de noche. Por eso, la respuesta de los biohackers a esta situación incómoda es usar una app que ajuste el ritmo circadiano de la pantalla, como **f.lux.** Esta herramienta está disponible tanto para el celular como para la pc y lo que hace es regular los tonos de luz azul a medida que anochece. Apenas te das cuenta de que está funcionando mientras usás la pantalla, pero le das una mano a tu cuerpo para que entienda cuándo es el momento de irse a dormir.

Estas apps representan lo mejor de la tecnología aplicada al biohacking, ofreciendo herramientas precisas para aquellos que buscan llevar su bienestar al siguiente nivel.

Nuevamente te invitamos a que investigues por tu cuenta (o nos sigas en nuestras redes donde compartimos más sobre estas apps), ya que día a día salen nuevas aplicaciones que nos facilitan la vida.

https://www.marianaypablo.com/mejores-apps

PARTE 3

NEUROHACKING Y PSYCH-K®: REDEFINIENDO CREENCIAS Y REPROGRAMANDO LA MENTE

¿Alguna vez te has sentido atrapado por tus propios pensamientos y creencias? Si la respuesta es sí, no estás solo. Muchos de nosotros llevamos en nuestro subconsciente creencias limitantes que afectan nuestra vida diaria. Pero, ¿y si te dijera que hay una manera de reprogramar esas creencias y transformar tu vida desde dentro? Aquí es donde entra en juego **PSYCH-K®**, una técnica que combina sabiduría ancestral y neurociencia moderna para ayudarte a alcanzar tu máximo potencial.

Ahora que ya has aprendido que el biohacking está constantemente explorando formas innovadoras de optimizar el cuerpo y la mente, nos adentraremos juntos en otra de sus fascinantes ramas: el **neurohacking**. Mientras que el biohacking se enfoca en mejorar el rendimiento físico y mental a través de cambios en el entorno, la alimentación y los hábitos de vida, el **neurohacking** va un paso más allá al dirigirse directamente a la mente.

Hay varias metodologías sumamente eficaces que se utilizan en neurohacking. Las más conocidas son:

Meditación y Mindfulness: La práctica de la meditación, como ya te hemos mencionado en capítulos anteriores, especialmente la atención plena, entrena la mente para estar presente en el momento, reducir el estrés, mejorar la concentración y aumentar la resiliencia emocional.

Neurofeedback: Es una técnica que mide la actividad cerebral en tiempo real y la retroalimenta al individuo para que pueda aprender a regular sus ondas cerebrales, ayudando a mejorar la atención, reducir la ansiedad o tratar trastornos como el TDAH.

Estimulación transcraneal de corriente directa (tDCS): Esta técnica no invasiva utiliza corrientes eléctricas de bajo nivel para estimular áreas específicas del cerebro, mejorando el aprendizaje, la memoria y la capacidad de resolver problemas.

Suplementación nootrópica: Es el uso de suplementos o compuestos que mejoran el rendimiento cognitivo, como el enfoque, la memoria y la claridad mental. Por ejemplo: L-teanina, ashwagandha y triptófano.

Entrenamiento cognitivo: Juegos y aplicaciones diseñados para mejorar habilidades como la memoria, la resolución de problemas y la velocidad de procesamiento, mediante la práctica regular de tareas cognitivas desafiantes.

Pero existe una técnica que se destaca por su simplicidad y efectividad y que el renombrado Dr. Bruce Lipton la recomienda efusivamente (y nosotros también): **PSYCH-K®**. Esta herramienta está diseñada para reprogramar creencias limitantes y facilitar cambios profundos en nuestra psicología, tiene sus raíces en la neurociencia, pero también toca las profundidades de las terapias ancestrales.

Neurohacking y el poder de las creencias

Para entender el poder de **PSYCH-K®**, primero vamos a explicarte en detalle el concepto de **neurohacking** para que tengas un mejor entendimiento. El cerebro humano tiene una capacidad inmensa para adaptarse y cambiar; esto se conoce como **neuroplasticidad**. Mediante estímulos apropiados, es posible moldear y reconfigurar las redes neuronales que influyen en nuestros pensamientos, emociones y comportamientos.

PSYCH-K® actúa directamente sobre estas redes. Entendiendo que nuestras creencias subconscientes son las que moldean la realidad que vivimos, este proceso busca transformar esas creencias profundamente arraigadas que, en muchos casos, nos limitan.

El **subconsciente** controla el 95% de tus acciones y reacciones. Esto significa que, aunque conscientemente tengas deseos de cambio, si tus creencias más profundas están en contradicción con esos deseos, el cambio será difícil o imposible de alcanzar. **PSYCH-K®** es una herramienta que permite **alinear tus creencias subconscientes con tus deseos conscientes**, logrando así transformaciones profundas y duraderas.

¿Cómo funciona?

PSYCH-K® utiliza una serie de técnicas y protocolos (llamados Balances). Su creador, Rob Williams, creó el método en 1988 tomando prácticas clave que combinan la hipnosis, la programación neurolingüística y la digitopuntura.

El objetivo de PSYCH-K® es crear un estado de **coherencia cerebral**, es decir, lograr una integración y sincronización entre los dos hemisferios del cerebro. Este estado es ideal para **reprogramar el subconsciente**, permitiendo que nuevas creencias se implanten de manera rápida y efectiva.

El proceso se basa en dos pasos fundamentales:

1. **Identificación de la creencia limitante**: En primer lugar, debes identificar una creencia que esté impidiendo el progreso. Esta puede ser algo tan sencillo como "no soy suficiente" o "no puedo tener éxito en lo que hago".

2. **Reprogramación de la creencia**: Luego, a través de los protocolos necesarios o **balances**, se procede a reprogramar el subconsciente. Durante este proceso, PSYCH-K® utiliza la técnica de testeo muscular para lograr una comunicación efectiva con el subconsciente y verificar si éste acepta o rechaza la nueva creencia.

El proceso es sorprendentemente rápido. En cuestión de minutos, es posible cambiar creencias que han estado presentes durante años o incluso décadas en tu vida.

La historia de Bruce

Bruce Lipton, biólogo celular y autor del renombrado libro *La biología de la creencia* (y un gran ídolo nuestro a quien tuvimos el honor de conocer y tomar talleres y cursos con él), ha compartido muchas veces (siempre que tiene la oportunidad) cómo PSYCH-K® transformó profundamente su vida.

En su testimonio personal, relata que, a pesar de ser un científico dedicado a comprender cómo nuestras creencias afectan la biología, no fue hasta que experimentó PSYCH-K® que pudo hacer cambios profundos y duraderos en su propia vida.

Lipton cuenta que, durante años, había estudiado cómo nuestras creencias subconscientes determinan nuestras experiencias, pero se sentía atrapado por viejos patrones emocionales que sabía que provenían de creencias limitantes. A pesar de su conocimiento, encontraba difícil reprogramar esas creencias. Fue entonces cuando conoció PSYCH-K®, este increíble proceso que reescribe las creencias del subconsciente de manera rápida y efectiva.

Después de someterse a varias sesiones de PSYCH-K®, Lipton describe cómo sintió una liberación casi instantánea de creencias que lo habían retenido durante toda su vida. Emocionalmente, comenzó a experimentar más paz interior y confianza, algo que antes parecía fuera de su alcance. Lipton destaca que, gracias a la técnica, pudo alinear su vida personal con los principios que promovía en su trabajo, viviendo plenamente los conceptos que había compartido en *La biología de la creencia*.

Bruce Lipton reconoce que PSYCH-K® no solo complementó su investigación científica, sino que lo ayudó a reprogramar su mente subconsciente, generando cambios profundos en su bienestar emocional y mental. Este proceso le permitió manifestar en su vida diaria los principios de la biología cuántica y la epigenética.

Conoce más sobre PSYCH-K®: https://www.marianaypablo.com/psychk-1

Historias personales

Mariana

Antes de estudiar el método y especializarme como facilitadora en PSYCH-K® había tomado varias sesiones para mejorar aspectos en mi vida que estaban generando mucho dolor e incomodidad en mi vida diaria. No voy a darte un largo cuento de desarrollo personal en estos párrafos, pero sí quiero compartirte, querido/a lector/a, dos momentos especiales que han sido de especial transformación para mi y que espero te inspiren para comenzar a vivir la vida que deseas, pero sobretodo mereces.

La heladera triste

Muchas veces me pasaba que mi humor cambiaba drásticamente cuando, al abrir la heladera, notaba que habían pocos alimentos dentro. Esto se tornó en algo repetitivo y que afectaba mi estado anímico y mi humor. No entendía bien el por qué de la situación, pero después de años dedicándome a la salud emocional, comprendí que había algo en esa situación mundana que me generaba muchísima angustia que se expresaba en mi cuerpo como presión en el pecho y en la garganta, Me daba mucha angustia ver la heladera casi vacía. Por más "simple" o hasta "casi ridículo" de la situación, decidí consultarlo con una facilitadora en el método para poder desbloquear el malestar. Dentro de la sesión, comencé a tomar consciencia de mis experiencias pasadas y un recuerdo en especial vino al centro de mi mente de una manera increíblemente clara: era la voz de mi madre que, durante toda mi vida, repetía la siguiente frase: "En esta casa nunca hay dinero, pero siempre tenemos la heladera llena". Al recordarla, me di cuenta de que, en mi interior, la angustia que sentía era de tremenda escasez y miedo a no tener "nada" (porque si no había dinero pero tampoco había comida, ¿cómo se puede sobrevivir?). Aún teniendo un buen trabajo y gozar de abundancia en mi vida adulta, este concepto de "la heladera está vacía" me daba tanta ansiedad que la sensación se reflejaba en mi cuerpo en forma de presión en el pecho, enojo, miedo y angustia. Al lograr este entendimiento, pude entender cuán fuerte es la mente subconsciente y cuán potentes son las creencias que albergamos desde la infancia que, aunque no vivamos las mismas experiencias, la información que tenemos en nuestro interior modela la experiencia actual en nuestra adultez. Logré modificar la percepción de esta situación (a través del protocolo específico de PSYCH-K®) enfocando en lo que deseaba vivir a partir de ahora: "si la heladera está vacía tengo la oportunidad de elegir qué quiero comer e ir a comprarlo para poder disfrutarlo".

El primer hijo varón

Otra experiencia que fue profundamente transformadora para mí, ocurrió durante mi primer embarazo. Cuando supe que estábamos esperando un varón se hizo muy presente la historia que mi nonna (abuela italiana) había sufrido. Mi nonna fue la segunda esposa de mi abuelo materno quien había quedado viudo tras perder a su primera esposa e hijo varón durante el parto. En un triste "sincrodestino", mi nonna da a luz a su primer hijo varón que nace sin vida. Los siguientes embarazos de mi nonna dieron como resultado hijas mujeres, que a su vez fueron madres primerizas de hijas mujeres.

Cuando tomo consciencia de que yo iba a tener un hijo varón, mi subconsciente debe haber entrado en un profundo bucle de información familiar, irradiando un miedo visceral de repetir la historia de mi nonna, con quien siempre compartí un vínculo muy especial y fuertemente entretejido. Tenía pánico de pasar por la misma experiencia que había padecido ella. Me aterraba la idea de, inexplicablemente, sufrir la pérdida de un primer hijo varón. Me costaba muchísimo pensar en mi embarazo separado del que ella había pasado. Fue tanta la angustia que sentía que decidí expresarlo dentro de la siguiente sesión de PSYCH-K®. Con mi facilitadora, trabajamos en profundidad mis emociones y lo que yo sentía que me unía a mi nonna (el amor, cariño y admiración que siempre sentí por ella) y lo que yo vine a experimentar en mi propia vida. Finalmente, en un estado de paz e integración mental (que se logra dentro de los protocolos y balances de PSYCH-K®) pude separar la historia personal de mi familia con la que yo elegía vivir. Personalmente, creo que esta experiencia en particular trajo mucho movimiento interior en mi, pero también fue un gran momento de insight que quiero compartir contigo ahora: **eres el protagonista de tu historia**. Es tu historia y de nadie más. Nadie va a vivir lo que tú estás viviendo ahora. Nadie podrá pasar por la misma experiencia (aún cuando se trate de situaciones similares). Por lo tanto, es tu propio deber poder sentirte protagonista de lo que estás viviendo. Sos el centro de tu vida. Y desde ese centro creas la energía para que todo a tu alrededor orbite de acuerdo a tus deseos y necesidades. Ésta fue la verdad que transmuté y grabé en mi subconsciente. A partir de esta toma de consciencia, pude disfrutar de forma plena mi embarazo. Y fue increíble. Fue (y seguirá siendo siempre) la mejor experiencia de mi vida. Noah, nuestro hijo, fue (y sigue siendo) súper sano y fuerte y creo que, en gran medida, todo esto se debió a mi cambio de percepción y reprogramación del miedo y la información que guardaba en mi interior sobre mi familia. Espero que estas palabras te inspiren a descubrir lo importante que eres y la importancia de seguir tu propio destino, soltando historias pasadas, creencias limitantes y dolorosas que quizás ni siquiera te pertenecen para empezar a vivir tu propia historia.

Pablo

Mi introducción a **PSYCH-K®** fue, como muchas experiencias transformadoras, inesperada. En un momento de mi vida en el que me sentía bloqueado, emocional y mentalmente, decidí explorar esta técnica como una alternativa a las herramientas tradicionales de crecimiento personal. Lo que descubrí fue algo poderoso: una técnica sencilla pero increíblemente efectiva para superar creencias que, hasta ese momento, ni siquiera sabía que tenía.

Recuerdo uno de mis primeros balances, cuando me di cuenta de que tenía una creencia profundamente arraigada sobre el dinero y la abundancia. No me había dado cuenta de lo mucho que esta creencia limitaba mi éxito. Tras una breve sesión, noté cambios en mi mentalidad y, poco a poco, esos cambios comenzaron a reflejarse en mi realidad externa. Este fue el inicio de un viaje profundo de autoconocimiento y transformación, que sigue hasta hoy.

Conocí la técnica gracias a Bruce Lipton, quien la mencionaba en varios de sus libros. La primera vez que leí sobre ella, me llamó la atención, pero no fue hasta que estaba preparando un video para nuestro canal de YouTube que volví a encontrarme con esta herramienta de transformación. Me intrigaba tanto que decidí investigar más a fondo.

Con cada búsqueda, me fui convenciendo más de que debía experimentarla por mí mismo. Después de contactar a varios facilitadores, finalmente me animé a comenzar el proceso como paciente. Al principio, no sabía bien qué esperar, pero muy pronto comencé a desbloquear creencias limitantes que ni siquiera sabía que tenía. Una de las más profundas era mi resistencia a ser padre. No había tenido una buena relación con mi propio padre, y eso me había llevado a negarme la posibilidad de formar una familia.

Para mi sorpresa, tras unas pocas sesiones, sentí cómo esas barreras emocionales empezaron a desmoronarse. Nos mudamos de casa y, en pocos meses, concebimos a nuestro hijo, Noah. Lo que pensé que sería un proceso largo y complicado, terminó ocurriendo de manera natural y fluida.

SI NO ES MALO, ¡ES MARAVILLOSO!

Antes de cerrar este libro, quiero compartirte algo que Mariana me mostró hace unos días y que me dejó reflexionando profundamente. Se trata de una entrevista entre el GRAN (y aquí nos ponemos de pie) Antonio Gasalla, querido comediante y actor argentino, y la inmensa (y nos volvemos a levantar) China Zorrilla, actriz y comediante argentino-uruguaya, hablando sobre la vida.

China, en ese diálogo, mencionaba cómo vivió cada etapa de su vida con intensidad: sus 20, sus 30, y también sus 82, que era la edad que tenía cuando grabaron la entrevista. Y dijo algo que resonó profundamente: "Si no es malo, es maravilloso".

La sabiduría de sus palabras brillaba en ejemplos simples y poderosos: si perdés un colectivo, ya va a venir otro; si te enfermás, te vas a curar; si hoy estás llorando, pronto estarás riendo. Todo depende de cómo enfrentes y cooperes con la vida.

Esa enseñanza es algo que intentamos compartir no sólo con nuestra familia y amigos, sino también con nuestros alumnos, y ahora, con vos, querido lector. La vida está hecha para disfrutarla, para aprender, para ayudarnos mutuamente. Es un viaje de conexión con nuestro propósito, con la posibilidad de vivir en plenitud y dicha.

Como dice esa famosa frase atribuida a Buda: "El dolor es inevitable, pero el sufrimiento es opcional."

Este libro puede ser el puntapié inicial, o quizás la continuación de tu propio camino hacia una vida más plena, más saludable y más feliz. Pero al final, todo depende de ti y de la calidad de tu atención. A donde pongas tu atención, va tu energía. Y la vida es, en gran parte, una cuestión de enfoque: ¿te centrás en lo que tenés o en lo que te falta? ¿en lo que podés cambiar o en lo que no?

La decisión es tuya.

¿Estás listo para llevar tu bienestar al siguiente nivel? Únete a nuestro **programa exclusivo de 8 semanas de Biohacking & Terapias Ancestrales**, donde combinarás lo mejor de la ciencia moderna con sabiduría milenaria para transformar tu salud física, mental y emocional. ¡Esta es tu oportunidad para rediseñar tu vida y convertirte en la mejor versión de ti mismo! ¡Inscríbete ahora y comienza tu transformación!

https://www.marianaypablo.com/programa-biohacking-8-semanas

EPÍLOGO

El viaje que hemos emprendido juntos en este libro, "Biohacking & Terapias Milenarias," ha sido una travesía hacia el conocimiento profundo de nuestras capacidades innatas para optimizar la salud y el bienestar. Hemos explorado la intersección entre la ciencia moderna y las sabidurías ancestrales, desvelando cómo cada uno de nosotros puede tomar control de su propia salud a través de prácticas accesibles y poderosas.

A lo largo de estas páginas, hemos abordado tanto la teoría como la práctica, compartiéndote distintas herramientas y estrategias para mejorar tu vida. Desde las bases del biohacking y las terapias milenarias hasta aplicaciones prácticas y casos de estudio, nuestro objetivo ha sido empoderarte con el conocimiento necesario para iniciar tu propio camino hacia el bienestar óptimo.

Un Llamado a la Acción

Ahora, al concluir este libro, te invitamos a no detenerte aquí. Este es solo el comienzo de un viaje continuo de aprendizaje y auto-mejora. La salud y el bienestar son campos vastos y en constante evolución, y siempre hay nuevas investigaciones, técnicas y descubrimientos esperando ser explorados.

Descarga Nuestros Recursos

Para apoyarte en este viaje, hemos creado una serie de recursos adicionales que están disponibles para ti. Estos recursos incluyen guías detalladas, videos explicativos, meditaciones guiadas y mucho más. Puedes visualizarlos desde nuestra página web https://www.marianaypablo.com/biohacking-regalos . Estos materiales están diseñados para complementar lo que has aprendido en este libro y ayudarte a profundizar en las áreas que más te interesen.

Continúa Investigando

El conocimiento es poder, y cuanto más sepas sobre tu cuerpo y mente, mejor equipado estarás para tomar decisiones informadas sobre tu salud. Te animamos a seguir investigando y aprendiendo. Lee estudios científicos, participa en seminarios, y mantente al tanto de las últimas tendencias en biohacking y terapias ancestrales. La ciencia de la salud está en constante avance, y estar informado te permitirá aprovechar al máximo estas innovaciones.

Invierte en Tu Salud

Una de las lecciones más importantes que puedes llevarte de este libro es que invertir en tu salud es la mejor inversión que puedes hacer. Esto no solo significa tiempo y esfuerzo, sino también recursos. Considera dedicar parte de tu presupuesto a herramientas y productos que puedan mejorar tu bienestar, como suplementos de calidad, dispositivos de seguimiento de salud, o sesiones con profesionales de salud cualificados.

Deja de Tener Miedo y Confía en Tu Biología

En ocasiones, la vastedad de información y las diferentes opiniones pueden generar miedo o confusión. Te animamos a confiar en tu biología y en la capacidad innata de tu cuerpo para sanarse y optimizarse. Las prácticas que hemos compartido están diseñadas para trabajar en armonía con tu biología natural. A medida que implementes estos cambios, escucha a tu cuerpo y confía en las señales que te da.

Conéctate con Nosotros

Nuestro compromiso contigo no termina con este libro. Queremos seguir siendo parte de tu viaje hacia el bienestar. Nos encantaría conocer tu experiencia con todo lo que te compartimos y saber qué cosas te han gustado más. Te invitamos a seguirnos en nuestras redes sociales y a unirte a nuestra comunidad en línea. Aquí, podrás conectarte con personas afines, compartir tus experiencias y obtener apoyo continuo. Síguenos en nuestra página web y en nuestras redes sociales para estar al día con las últimas novedades, artículos, y eventos que organizamos.

- **Visita nuestra web:** www.marianaypablo.com
- **Síguenos en Instagram:** www.instagram.com/marianaypablooficial
- **Únete a nuestro grupo de Facebook:**
  https://www.facebook.com/groups/marianaypablo
- **Suscríbete a nuestro canal de YouTube:**
  https://www.youtube.com/@algoalternativo

¡Nos encantaría ayudarte en tu camino!

Al finalizar este libro, queremos ofrecerte algo especial. Sabemos que cada persona tiene su propio viaje y desafíos únicos, y nos gustaría acompañarte en el tuyo. Te invitamos a agendar una *"llamada de claridad"* con nosotros, donde podremos conocerte mejor, entender tus objetivos y ver cómo podemos ayudarte a llevar tu bienestar al siguiente nivel.

Esta llamada es una oportunidad para que exploremos juntos cómo aplicar lo que has aprendido y diseñar un plan personalizado que se adapte a tus necesidades. ¡Nos encantaría ser parte de tu transformación!

¿Te animas? ¡Estamos a un clic de distancia!
https://www.marianaypablo.com/llamada-con-nosotros

Reflexión Final

Cerrar este libro es solo una pausa momentánea en tu camino hacia la salud y el bienestar óptimos. Cada capítulo que has leído y cada práctica que has implementado (o que te propones implementar) son pasos hacia una vida más plena y equilibrada. **La verdadera transformación viene de la acción consistente y la apertura a nuevas posibilidades.**

Recuerda que la perfección no es el objetivo; tu mejoría continua lo es. A medida que avanzas, celebra tus progresos y aprende de tus desafíos. Confía en tu capacidad para adaptarte y crecer. Estamos emocionados de ser parte de tu viaje y esperamos seguir compartiendo conocimientos y experiencias contigo.

Gracias por acompañarnos en este recorrido hacia una vida mejor y más saludable. ¡El viaje apenas comienza!

Con gratitud y entusiasmo,
Mariana & Pablo

www.ingramcontent.com/pod-product-compliance
Lightning Source LLC
LaVergne TN
LVHW011420080426
835512LV00005B/180